写作文就像折纸飞机。
只要我们有飞翔的愿望和行动,
一张纸也能飞很高。

张余亮

小先生的作文课

庞余亮 著

人民文学出版社

图书在版编目（CIP）数据

小先生的作文课 / 庞余亮著. -- 北京 : 人民文学出版社, 2025. -- ISBN 978-7-02-019403-2

Ⅰ．G634.343

中国国家版本馆CIP数据核字第2025KE5632号

责任编辑　杜　丽　陈　悦
装帧设计　刘　静
责任印制　王重艺

出版发行　人民文学出版社
社　　址　北京市朝内大街166号
邮政编码　100705

印　　刷　河北博文科技印务有限公司
经　　销　全国新华书店等

字　　数　100千字
开　　本　787毫米×1092毫米　1/32
印　　张　7.625　插页3
印　　数　1—8000
版　　次　2025年8月北京第1版
印　　次　2025年8月第1次印刷

书　　号　978-7-02-019403-2
定　　价　46.00元

如有印装质量问题，请与本社图书销售中心调换。电话：010-59905336

目 录

序 在这些作文课里，成长为生活的高手 ············· 冷玉斌 001

第一阶

南瓜就不要说西瓜的话啦 ············· 003

还在习惯性中途后悔吗？ ············· 015

校园实在平淡实在无奇，哪还有材料写作文？！ ············· 024

乱编作文的人，会不会长出匹诺曹的长鼻子？ ············· 033

为什么我的芋头不开花？ ············· 043

第二阶

把尴尬记下来慢慢欣赏 ············· 055

妈妈的爱啊，又疼又甜 ············· 063

画作文的几个注意事项 ············· 072

"无米之炊"？笔和老虎来对付 083

不喜欢的书，也要写篇读后感吗？ 095

第三阶

我被困在写景作文里了 113

猜猜我是谁：人物作文的迷途 127

"老掉牙"？储蓄细节金币 136

无敌三角形：三个角的神奇魔力 148

为什么不写她们跳过一百个？ 160

第四阶

告别作文小懒虫的妙招 175

有模有样的作文都是用心"捆"起来的 188

毛头与大象 201

我的新衣服非得大一号吗？ 214

激励：你的作文总会发芽的 227

序
在这些作文课里,成长为生活的高手

冷玉斌

"小先生"又出新书了,这一回,真是小先生,专门教起了作文。

说到作文,那可是难倒一拨又一拨小人儿。但是,教作文,又不是小先生在书里唯一做的事,读了这本书,会觉得它更像是一把打开孩子们心灵世界的钥匙,在与小人儿一次次的通信里,带着他们走进成长的困惑与喜悦,教他们学会思考、观察、感受生活,让他们明白所有最真实的生活里的滋味,就是作文该有的最真实的笔触,让小人儿们最终找到属于自己的声音,南瓜就说南瓜的话,西瓜就说西瓜的话。

小先生讲作文,最后讲出来的全是作文背后的好东西,他让孩子们明白,细节是写作的灵魂,生活中的每一个细节都可以成为写作的素材,"'老掉牙'? 储蓄细节金币";他向孩子们揭示了写作的终极秘密,写作绝不是技巧的堆砌,必须有对生活的观察与感悟,"睁开眼睛,竖起耳朵,声声入耳,事事关心,仔细编制观察之网";他带着孩子们面对生活中的尴尬和失败,从失败中学习,在写作中找到自信,"既然尴尬已经发生,那就把尴尬记下来慢慢欣赏",这句话不只适用于写作,也适用于生活里每一个瞬间;他鼓励孩子们,写作是一种表达自我的方式,是一个与内心对话的过程,写作不是为了迎合他人,而是为了发现自己、认识自己,做到这个,就是"满分";他告诉孩子们,写作不仅仅是记录生活,更是对生活的重新发现,通过写作,每个人可以更深入地理解自己、理解他人,理解这个世界的复杂与美好。

信是什么呀? 信是把自己的心捧出来的文字。小先生懂孩子,也懂生活,更有耐心,还特别温柔,用小人儿听得懂的话,清楚明白地讲出来,相信你再不会忘记,

要写好作文，就得找根"捆"住它的好绳子；也不会忘记，用"智慧章鱼"日记，战胜"小懒虫"。写得好是门学问，还能教得出来教得好，小先生真是高。

小先生的作文课，要我说，这也有小人儿的几分功劳，他们写的那些信多有意思，他们都是小先生的好学生。好学生也会成就好老师。关于写作的一个又一个有趣的问题，就问出了这么多精彩的回应，带出别样的风趣——这本身就是在提醒每个人，写作也是社会实践，写下就是永恒，生活中人们确实在不断看见，可一旦写下，这样的看见就被留下了，哪怕只是一个问题。从一个问题出发，也可以是通向作文自由之路最有效的一步。

最后，我还是想捅破一层窗户纸，在书里，小先生好像说了，又好像没说。没错，阅读《小先生的作文课》，"会让你的作文有模有样，也会让你的人生跃上一个新台阶"。为什么呢？因为说到底，小先生在乎的是写作的精神，在意的是生活的真意，"作文"是小道，真正的大道是爱生活，爱身边的人，与世界对话，与自己对话，这是一趟并不容易的旅行——去新疆的机会人人都有，但成长为生活的高手,还是靠你自己。

好好来上这些作文课。你一定可以,对吧?

祝福小先生,也祝福你!

Writing Lessons of the Little Teacher

小先生的作文课

You give me sunshine

如果你是我的"小先生",我会在你的课堂里发生什么有趣的事呢?

第一阶

准备好了吗?你将get小先生25%的写作技能。

南瓜就不要说西瓜的话啦

小先生：

你好！

我觉得暑假很长，但又很短。

渴望了好多天的新学期又开始了！

老师给我们发了很多新课本，我迫不及待读的第一本书，肯定还是新《语文》书。妈妈说：你还没上课呢，怎么就把新课文读完了？你读得懂吗？

是的，新课文是不完全读得懂的，但读新《语文》课本总是让我快乐，那快乐是崭新的快乐。

我喜欢语文课，还喜欢写作文。每次做作业，作文肯定放在第一项。写作文的时候，眼前跳跃的全是老师即将给我画下的红色波浪线。

可等到作文本发下来，不但没有期待到波浪线，还被"扣分"泼了一次又一次凉水。绝大多数都是扣5分（总分40分），妈妈笑我跳不出"5分的圈圈"，我骄傲地反驳："顶尖纪录是只扣1分！"但也是绝无仅有的一回。

　　为什么我的作文总是被扣分？得满分的作文有那么难写吗？天知道，我多么渴望作文不被扣分，因为，我每次写作文都投入了所有的热情和文学脑细胞。

　　妈妈说作文被扣分是天经地义的，但我就是希望这个新学期，我的作文一分也不扣。

　　祝你工作顺利，创作丰收！

十万个问号

2023年9月16日

十万个问号：

　　你好！

　　时间过得真的太快了，暑假过了，是秋学期。接着是寒假，寒假过了，是春学期。等到春学期过去了，一个学年就过去了。

　　但每到开学前，我还是期待新学年，即使前面有万水千山，新日子总归是值得期待的。

　　特别喜欢信中的"渴望"这个词，它比"期待"更热切，更坦诚。新学年，意味着新的高度，新的挑战。"渴望"里，有我们的跃跃欲试，更有我们闪闪发光的小雄心。

　　更加可喜的是，在那个小雄心背后，还跟着准备征服这个世界的十万个小问号。

　　为什么我的作文总是被扣分？

　　得满分的作文有那么难写吗？

　　下面是一份语文考试的作文评分标准。

一类文（36—40分）：语言优美，表达通顺流畅，能把景、事等融合到一起，细节描写出色，能表达出真挚的情感，特别优秀的可以判为满分作文；

二类文（32—35分）：语言通顺流畅，能写景或叙事，有一定的细节描写，能较好地表达情感；

三类文（28—31分）：语言较通顺，能围绕作文要求表达基本的内容，能表达情感；

四类文（24—27分）：语言不通顺，错别字较多，意思表达不清甚至偏题，写作目的不清或无写作目的；

五类文（24分以下）：作文不完整，视情况酌情判定。

在这份评分标准中，有一类文：满分40分，亦有五类文：24分以下，即不及格。而你的作文属于二类文。

第一阶

在对待作文分数这个问题上,妈妈的态度是:作文被扣分是天经地义的。

作文被扣分真的是天经地义的吗?真的没有满分的作文吗?

其实,满分作文就像山顶,总是有人会攀登到山顶的。每次作文考试,"语言优美,表达通顺流畅,能把景、事等融合到一起,细节描写出色,能表达出真挚的情感"的一类文大致占比基本上是5%—10%,而这一类作文中,有特别优秀的会被改卷老师打满分。

每年中考和高考,真的会有同学能够攀登上满分的山顶。中考作文和高考作文的卷子都是密封存档的,我们一直不能得到攀登上满分山顶的同学信息,但还是有新闻写到了一位卓姓同学。他的高考语文得分是150分(高考语文满分为150分),他的高考作文当然是满分。这位来自福建泉州的卓同学在接受记者采访的时候说,他每次习作完成之后,即使拿到了高分,还是要请老师和同学帮他找出这篇习作的不足。

让我们快乐也让我们焦虑的分数,是结果,并不是原因。日日行,不怕千万里;常常做,不怕千万事。我们只要有颗不满足的心,就会有进步的空间。再用行动一次次弥补不足,就会一点点向满分靠近了。从这方面来说,卓同学是我们的学习榜样。

来一起看看我们经历过的作文课:第一节有点像作文课的是小学二年级的"看图写话"。每一周都有作文课,每一学期都有写满了作文的作文本。从小学二年级,到高中毕业,我们写了一沓又一沓厚厚的作文本。

到这里,我们可以追问自己一句:效益呢?

是的,我们的效益在哪里?经过了那么多作文训练,到考试了,我们还是被扣分,实在是件遗憾的事。很多时候是这样的情况,被扣分多了,就习以为常了,认为扣分就是天经地义的。

如果我们回到课本的封面,新课本的封面上总是有两个大大的字:"语文"。

一个"语",一个"文"。"语"是说,是口头表达。"文"是写,是书面表达。这两个"表达"都与我们的

第 一 阶

作文密不可分。

如果说每个年级就像是向上的台阶,那么每个年级的作文要求便是不一样的。

作为考查书面表达的作文为什么总是被扣分?那是因为谁也不会天生就是满分作文的高手,谁也不能保证每个阶段每篇作文都是满分。并不是老师必须要扣你的分,而是因为你在这个阶段的书面表达中,还有这样那样可以扣分的缺点。

有缺点,就意味着你的书面表达还有成长的空间。

有空间,就给了我们向上攀登的力量和勇气,还有成长课中必要的耐烦训练。

不耐烦者,做不成一件事。在一节节作文课上,在一篇篇作文的训练中,在一个个台阶的表达中,我们得一篇篇书写作文,也是一次次耐烦历练,更是一步步学会成长。

—— 这,就是作文课的特殊能量。

我们做学生,会经历很多功课。许多功课学完了,考完了,就再也不见了。而作文课不一样,它可是跟着我们一辈子的事。我们说话，沟通，应聘，演讲，都是另一种方式的作文课。那些表现优秀的人，那些走在浪潮前面的人，还有那些特别成功的管理者，他们的演讲、表达与沟通能力总是给人留下深刻的印象，究其原因，是他们很认真地走过了无数级（包括打腹稿作文）作文台阶。他们的作文并不是一开始就是满分，福建卓同学也是这样，但他们有耐心，有行动，第一篇满分作文就这样出现了。

我妈妈不识字，但她很在乎我学期结束之后的成绩报告单，她会让我把成绩单上的每门成绩念给她听，妈妈要求我每门都要及格。那时的我，语文与数学成绩很不均衡，每次念到语文的时候，我的声音会小一点，念到数学的时候，我的声音会大一点。我知道她是听得出来我考得好不好，每次念完成绩单，我也会特别解释一下，语文最高分也就90分。

妈妈没有再说什么，我也习惯了我的自欺欺人的语文分。从小学到高中，我的作文基本在70分上下（在二类文和三类文之间）。有一天，语文老师竟然在

第 一 阶

讲台上读一篇作文,他刚刚读了几行,我就知道了,老师是在读我的作文。好在作文并不长,700字左右。如果有1000字,我会因为紧张憋气而昏迷过去。

那篇作文叫《铭记》。我写了"妈妈筛米"的故事。那时我上的是所寄宿农村学校,名字很牛,叫江苏省兴化县鲁迅中学。学校要求学生把吃饭的米带到学校食堂去兑换饭票。家里的米本不需要竹筛筛一遍的,可是老实忠厚的妈妈生怕家里的米灰太多,被食堂老师笑话,特别用竹筛过了一遍。筛米的时候,妈妈太认真了。细细的米灰扬了起来,很快就弥漫了整个屋子,后来这些米灰又落了下来,落在妈妈的肩上,也落到了妈妈的头发上。等筛完了米,妈妈顿时"衰老"了许多。

"妈妈真的老了,我哭了。妈妈不以为然,还嘲笑了我,说,这有什么好哭的,只要是个人,都会老的。听了妈妈的话,我哭得更凶了。"

这是那篇作文的结尾。老师拍打着我的作文说:"如果作文有100分,我会给它打100分。如果有200

分，我会打200分。"

这是我的第一篇满分作文。有了第一篇满分作文激励之后，我比平常更加重视写作文，但得分基本上是80分左右。虚荣心满满的我苦恼了很长时间。再后来，我鼓起勇气找到了老师，结结巴巴地说了自己的苦恼。老师说，你知道我当时为什么给你满分吗？因为你在那篇《铭记》里，写了一个能得满分的场景，那里面的儿子懂事的流泪特别打动我。

我心想：但我不能在每篇作文中都写我流眼泪啊……

老师看出了我的纠结，说："我当然不是让你在每篇作文里都流眼泪，在你后来的作文里，我看不到属于你自己的懂事细节了，这么说吧，你本来是南瓜，可你非要学着西瓜说话。"

"你本来是南瓜，可你非要学着西瓜说话。"

金黄的南瓜老实，碧绿的西瓜甜蜜。南瓜是蔬菜，西瓜是水果。想要写出南瓜的腔调和故事，就必须丢掉变成西瓜的妄想，老老实实地回到南瓜的身份中。

第 一 阶

每个人的生命都是不一样的,每个人的生命体验也是不一样的。

说来也很神奇,《小先生》获得了鲁迅文学奖后,有学生跟我说,我们的小先生收获了一只大南瓜。是的,我就是南瓜,我是一个农民的儿子,我是一个乡村学校的教师,我要记下我的南瓜地里"能得满分的场景",《考你一个生字》里的尴尬场景,《毛头与狗叫》里的暖心场景,《寂寞的鸡蛋熟了》里的独自成长的场景……

无论角色大小,每个人生都是一幕幕场景连接起来的连环画。比如开学第一天下午,男孩回到家,没有像往常一样去练习滑板车,而是坐在书房的窗口给新课本包封皮。包完封皮之后,他会打开新《语文》课本。妈妈跟男孩说:你还没上课呢,怎么就把新课文读完了?你读得懂吗?男孩摸着新课本的封面,嗅着新课本的芳香,看着窗外次第亮起的万家灯火,男孩心里的灯也次第亮起,他在心中默默回答了妈妈:我是不完全读得懂,但抢先读了新《语文》课本总是让我有特别崭新的快乐。

人生有喜怒哀乐,有酸甜苦辣,我们可以把每一种滋味当成章节,也可以把每一天当成章节,很多章节里都会有那些"能得满分的场景",铭记这些场景,再把这一幕幕场景如实写下来,南瓜说南瓜的话,西瓜说西瓜的话,我们都会是拥有满分文章的人。

加油!

还在习惯性中途后悔吗?

小先生:

你好!

如果能时空穿越,我一定要穿越到你的教室里。如果你是我的"小先生",我会在你的课堂里发生什么有趣的事呢?我会是在塑料瓶盖玩两只蚂蚁的那个学生吗?

我还想当面跟你说一说我的苦恼。有很多次,我洋洋洒洒地写了许多,该收尾了。可我突然后悔了,我不该这样写的,我恨不得把前面写下的作文从作文格子里抠出来,然后再重写一次,重写得到的分数肯定会高很多。

可是,作文试卷哪里允许我后悔和重写?我只有硬着头皮,继续往下写,草草结尾……结果可想而知。

  我该怎么办?

  此致

敬礼!

        总是后悔的小蚂蚁

        2023年9月24日

总是后悔的小蚂蚁：

你好！

我也悄悄想过多次，如果有一台时光穿越机，我一定会去所有考过的考场，将试卷重新答写一遍。我也会把所有犯过错的事，一一更正。

—— 谁不想拥有完全正确的不犯错的人生呢？

事实上，谁都会犯错，我也经常犯错，大错误，小错误，犯过错之后，也会像你一样：后悔。

食物有五味，我们的人生也有五味。后悔，就是人生五味中的苦味。虽然很苦，但是很值得尝一尝。清苦的后悔涌上了我们的心头，这绝对不是坏事。比如一场春雨过后，那些后悔的花朵离开了树枝，替换后悔花朵的，是枝头上让人惊喜的小小新果。

—— 失与得，就是这样奇妙。

我做过一次"作文考试与后悔心态"的现场调查：

"作文考试的时候，有没有写到一半，后悔了，就想重写一次？如果有这样情况的同学，请举手。"

话音刚落，几个同学立即举起了手。接着，又有一批同学举起了手，那场景，整个教室就像一片"后悔"的森林。

"如果觉得自己考场作文后半部分写得比前半部分好的，请举手。"

没想到举手的，还是那一批同学！

时间是不可逆的。"后"，是已过去了的。"悔"，是你觉得自己本来可以做得更好，可是没有做好。"后悔"的背后，是你宝贵的上进心。

过去的理发工具，是一把很锋利的剃头刀。剃头刀是干什么的呢？给人剃光头。跟着老师傅学习理发技艺的小徒弟，事先得模拟练习剃光头，模拟工具是冬瓜。有个小徒弟，他给冬瓜刮完了"光头"之后，习惯性地把剃头刀直接插在冬瓜上。老师傅提醒说，这是个坏习惯，必须要改啊。小徒弟不以为然，等到那一天，我肯定不会这样做的。时间过得很快，小徒弟要满师了。满师的仪式是正式给顾客剃光头，小徒弟手快刀快，完工之后，还是随手就把剃头刀插到了那个顾客的头上……

第 一 阶

很多时候，我们都是那个因习惯而酿成大祸的小徒弟。仅仅看了几眼作文题，就开始下笔。从来不构思，更不会去打作文草稿。似乎自己就是那个下笔如有神的李白。哗哗哗，哗哗哗。一行写完了，再写第二行。写完了第一段，再写第二段。差不多到了第三段的时候，等到作文思路打开了，第一只后悔的蚂蚁就爬出来了：

我应该这样写吗？

作文格子里是白纸黑字，无法更改了，只有硬着头皮，继续向前写。但是，跟着第一只蚂蚁出来的，是第二只后悔的蚂蚁，还有第三只后悔的蚂蚁，它们一直在试卷上爬来爬去：

我应该有个更好的开头的。

我应该不这样写的，我应该那样写的……

这是作文考场上常常发生的事，恨不得时光倒流，恨不得把作文格子里写下的全部抠出来重写，但时间来不及了，没办法在短时间内重新再写一遍。

其实，这些习惯性中途后悔的同学在平时的作文习作上也是"下笔如有神"。只是,不后悔。或者说,没有后悔的事。作文习作的分数,看上去不太重要,就像剃头刀插在冬瓜上,那冬瓜是不会喊叫的,也是不需要抢救的。

考场作文评卷是讲究"第一印象"的。而"第一印象"的依据基本上是考场作文的前半部分。准确地说,前三行,前五行,就决定了评卷老师给考场作文的评分等级。前半部分写得不好,作文分值起码下降一个等级。一个等级,就是5—8分。

很多次,我们的满不在乎,我们的随心所欲,不经意间的随便,就生生损耗了许多分数。有段时间,编辑让我写专栏文章。专栏文章不像其他文字,时间一到,必须交稿,否则报纸就得开天窗。一想到报纸要开天窗,就赶时间写了。等到报纸出来了,读了一遍,很后悔,后悔极了,这粗糙的文章是我写的吗?真的是我写的吗?但又怎么可能不是我写的呢?抵赖不掉的,文章的标题下面,是我的名字。后悔的小蚂蚁爬来爬去。好多天过去了,后悔的小蚂蚁还在我

第一阶

的心里爬来爬去。再后来,写《小先生》的时候,我给自己下了一个死命令:要好好写,好好珍惜写下的每一颗字,否则对不起那个18岁在讲台上暗暗冒虚汗的小先生,也对不起那些陪着我一起长大的学生们。有了给自己的死命令,《小先生》写得特别慢。常常是推倒了重写。《小先生》先后写了30年。其中,素材积累15年,写作定稿15年。初稿56万字。我重写了,第一次定稿是28万字。这个28万字的《小先生》版本是可以出版的,我还是决定重写一次,直到最后成书的12万字。我们得把每一次得失,当成自我成长的契机。命令自己,要求自己,就是为了得到应该属于我们的最高分。

有一句话是这样说的,首先是我们养成习惯,随后是习惯养成了我们。习惯有好坏。好习惯让我们得分,坏习惯让我们失分。本来我们可以做到90分的,因为懒惰和随意的坏习惯——不打草稿的迷之自信的错误,只得到70分。这样,我们失去了应该属于自己的20分,就像那个理发店随意处理剃头刀的小徒弟。语文考试100分钟（小学），试卷那么多页，那么多内容，打作文草稿也是来不及的，但给作文写三行提纲的时间还是有的。

这就是写作文的"三行提纲法"。

很多同学认为数学考试是天生应该备好草稿纸的，而语文考试不需要。我在教书的时候，总是要求每个学生备好作文草稿纸，而每张作文草稿纸上必须要出现三行提纲。

就三行！

第一行，作文的第一部分准备写什么。不在开头犯"有一次"的毛病。

第二行，作文的第二部分准备写什么。这一行，要提醒自己，想要写什么，不要写什么。不写什么很简单，别人和自己一直在写的，从小写到大的，那就不要写。

第三行，作文的第三部分准备写什么。不在结尾犯"我懂得了"的毛病。

考场作文，一般是600字到800字之间，不需要

长篇大论，更不能顾此失彼，要很理智地把准备写的600字分成三行提纲。

有了草稿纸上的三行作文提纲，等到语文基础知识和阅读理解做完了，面对考场作文的时候，作文自信心会增强三倍。接着，我们按照这三行提纲写作文（提纲在动笔之前还可以调整），按照三行提纲尽力写出来的作文，得分肯定会接近你的理想。

尽力了，就不后悔。人生是这样，作文也是这样。一个优秀的人不是没有后悔，而是能够准确找到解决后悔的方法，做到少后悔，不后悔。

加油！

校园实在平淡实在无奇，哪还有材料写作文？！

小先生：

你好！

"他们的芋头是用火焖烧的，然后用盐粒蘸着吃，一种很香的吃法。"

这是《小先生》里调皮学生烧芋头的故事，我很想尝尝这样的烧芋头。《寂寞的鸡蛋熟了》里面用煤油灯煮鸡蛋，这个煮鸡蛋和我们家的水煮蛋会是一样的味道吗？

我最喜欢《今天食堂炒粉丝》，掌勺的黑脸主任到底是怎么炒粉丝的呢？你说能把学生的肚子里的馋虫勾出来，我们学校食堂偏偏是没有炒粉丝的，每次读到这里，会有很多馋虫在我的肚子里此起彼伏，蠢蠢

第一阶

欲动。

　　学校食堂最好吃的菜是椒盐鸡腿，最难吃的菜是红烧茄子，每当有红烧茄子的中午，餐桌上总会剩许多，还不如直接换成炒粉丝呢。

　　说完开心的吃，再说不开心的作文吧。因为我必须要写作文，每次写到作文，我就是那个没精打采唉声叹气的小衰神，太让我头疼了，我们学校的每一天是大同小异的，实在平淡实在无奇，哪还有材料写作文？！

　　祝你开心快乐！

不开心的熊三
2023年10月15日

不开心的熊三：

你好！

"不开心"三个字让我心里一沉，写作文本不应该是"不开心"的事。"不开心"是块堵在路中间的石头，我们一起把这块"不开心"的石头搬开好不好？

还是先说开心的事吧。每次到了餐桌前，我都会跟自己说，哎，美食和我，只有一个可以活下去。是的，想到吃，看到吃，我都会情不自禁地开心起来。饭来，张口，咀嚼，吞咽。味蕾在舌尖上跳舞，馋虫在胃里愉快地歌唱。那些可可爱爱的馋虫们，都是我爱了很多年也养了很多年的秘密"宠物"。

我们有同学跟着《寂寞的鸡蛋熟了》煮过鸡蛋了，现在没有煤油灯了，他们就用蜡烛加铝盒煮鸡蛋。一边做作业，一边等鸡蛋熟。等作业做完了，铝盒里的鸡蛋真的也熟了。据说味道不错。他们还把这件事写成了作文。

可可爱爱的熊也喜欢吃蛋，它们会去鸟巢里偷鸟蛋，偷到的鸟蛋是生吞下去。比起难见的鸟蛋，熊更

第一阶

喜欢吃蜂蜜。

但是,甜蜜可口的蜂蜜,能帮助熊获取丰富的蛋白质的蜂蜜,能够提高熊的消化能力的蜂蜜,并不会自动走到熊面前。那些聪明的蜜蜂们,不是把蜂巢结在高高的树上,就是把蜂巢安放在偏僻角落里。

我们都在动画片里见过熊吃蜂蜜的样子,熊总是大口大口享用蜂蜜。实际状况是,熊想要解馋,想要得到蜂蜜,就得努力爬树,就得披荆斩棘,找到那条通向蜂巢的小路。那些爬树的熊,攀登悬崖的熊,似乎和心目中笨笨的熊不搭。但熊还是学会了爬树,那种自我训练的动力,就是高高的树上有甜蜜的蜂蜜!

除了爬树,熊还要有一双好眼睛和一只好鼻子,得看见采蜜和酿蜜的蜜蜂往哪里飞,得启动灵活敏锐的熊鼻子——在微弱的风中会传来蜜源初熟的甜味。如果它不抢先看见蜂源,不抢先闻到蜜源,其他喜欢蜂蜜的动物就会抢先一步。很多动物都喜欢蜂蜜的,比如人这种动物。

所以,熊大熊二的采蜜历险记是这样的:睁开眼睛，屏住呼吸，观察地形，提防塌方，小心翼翼，预备蜂蜇。历险后采到的蜂蜜，每一滴，都不是大同小异了，每一口，也不会平淡无奇了。

写作文和熊采蜜其实是一个道理。好作文的蜂蜜不会轻易得到。我们学校在乡村，吃的东西基本上是就地取材。比如山芋粉丝，比如炒山芋粉丝的小葱，还有油菜籽榨出的菜油。往往愈是简单，愈是日常，我们就愈是容易遗忘。

烤屎壳郎用掉了一大把稻草，屎壳郎烤成小黑豆（爪子烧没了），他把外面的黑壳揭掉，舔到了屎壳郎三角形肩膀里面的那一点点肉。

烤屎壳郎对于童年饥饿的我是美味零食，它与熊大熊二采到的蜂蜜一样，也不是轻而易举得到的，需从牛粪堆里去寻找。吃青草的牛的牛粪很干净。在吃屎壳郎之前，我烤知了，也烤蚂蚱，烤任何可以吃到肚子里的虫子。有永不满足的舌头作为动力，童年生

第 一 阶

活虽然物质上贫瘠,但是乐趣丰富,甚至是"富有",《屎壳郎作为零食》就这样写出来了。如果现在让我选择,吃烤屎壳郎还是吃红烧茄子,我会毫不犹豫选择"红烧茄子"。无论什么美味的烤虫子,都没有"红烧茄子"好吃。这不是我的选择,这是祖先的选择。所有的烤虫子,都有挥之不去的青草酸。

还是回到"红烧茄子"面前吧,我知道很多同学不喜欢茄子。每次午餐时间,几乎很多学校的食堂餐桌上都有被浪费的红烧茄子。我问过同学们为什么不喜欢茄子,他们的回答是,茄子吃在嘴巴里,就像是吃外星人捏造出来的新材料。茄子真是无辜得很,竟然还和外星人挂上钩。被大家讨厌的"红烧茄子"真的一无是处吗?何不干脆写一篇名叫《无辜的茄子》的作文呢?

现在,我们开始收集这篇作文的三角:你、红烧茄子和值日生。这里的值日生可换成班主任,可换成陪餐的校长大人。下面是风生水起的作文核心内容:值日生会怎么对待那些浪费的"红烧茄子"。班主任怎么对待那些浪费的"红烧茄子"。陪餐的校长大人又是怎么对待那些浪费的"红烧茄子"。有剩余"红烧茄子"的午餐，还会和平时的午餐大同小异吗，还会平淡无奇吗？值日生出现的时候，平淡无奇的午餐时光里会出现奇妙的"微澜"。班主任出现的时候，我们的午餐时光里肯定有风浪。等到陪餐的校长大人出现的时候，我们的午餐时光里绝对会出现惊涛骇浪。有关珍惜粮食的教育。有关尊重劳动的教育。当然了，还有我们的自我反省和自我教育。就这样，"红烧茄子"就成了好作文的主角。

  汝先当求一败墙，张绢素讫，倚之败墙之上，朝夕观之。观之既久，隔素见败墙之上，高平曲折，皆成山水之象。

这段话的意思是："你可以先找一堵破败的墙壁，对着墙壁张起一幅白色丝绢的大画布，然后倚在败墙上，早晨晚上日出日落时，都看败墙在画布上的投影。

第 一 阶

观看得久了,隔着画布就能见到败墙的上部,高低平凹,曲曲折折,都能变幻成好看的山水画。"

生活永远不会是大同小异的,张开眼睛,竖起耳朵,启动灵敏的鼻子,平淡无奇的破墙也是非常好看的"山水画"。因为"观之既久",《小先生》里的煤油灯煮鸡蛋成了"山水画",连同大铁锅炒粉丝也成了惹出馋虫子的美味佳肴。

下面提供黑脸总务主任在食堂炒粉丝的"独家秘方":

原料:半斤红薯(或者绿豆)粉丝,油和酱油,一大把香葱(大约半斤左右)。粉丝须用水浸泡15分钟左右,然后沥干。香葱切成段。铁锅烧红,热油,用热油爆葱段,葱段爆出焦香,放入沥干的粉丝,爆炒,速度要快,千万不能让粉丝粘在铁锅上,反复爆炒,起锅前两分钟加入酱油。大铁锅里最先溢出来的是葱香。接着是酱油香。最诱人的是最后飘进我们鼻孔的粉丝的干香。这,就是我们乡村学校里的"满汉全席"。

吃货的生活从来不会平淡无奇,天下也从来没有不开心的厨师。我们也可以把这个炒粉丝的制作方法推荐给外婆，然后化身小厨师，和外婆一起给全家做一道香葱爆炒粉丝，开开心心的香葱爆炒粉丝。

这个"独家秘方"还可以推荐给来陪餐的校长大人，再推荐给学校食堂的厨师。到那时，学校食堂也会传出香葱爆炒粉丝的香味。开开心心的我们享用完香葱爆炒粉丝之后，再来一篇同题作文PK：《今天食堂炒粉丝》。我们每个人都有话可说，比如批判红烧茄子，比如表扬香葱爆炒粉丝，比如用风卷残云般的吃法给校长大人点个大大的赞美。

加油！

乱编作文的人，
会不会长出匹诺曹的长鼻子？

小先生：

　　展信悦！

　　《小先生》里面藏了许多让人莞尔一笑的瞬间，就连题目都那么精彩：眨眼睛的豌豆花、一朵急脾气的粉笔花、布鞋长了一双眼、丝瓜做操、乡村战马、晚饭花的奇迹……你怎么有那么多的好故事可写的？

　　每当我写作文时，头脑里总是空空荡荡，什么故事也想不起来。妈妈给我买了好多作文书，让我按着那些作文的模式编故事，每次都是硬着头皮胡编乱造，东拼西凑，就像是对着作文本撒谎。撒谎的结果是，我能得到中等分数。

　　分数还算可以接受，但我很担心我的鼻子，乱编作文的人,会不会长出匹诺曹那样的长鼻子?

  此致

敬礼!

          硬着头皮的匹诺曹

          2023年10月21日

硬着头皮的匹诺曹：

你好！

我们来到这个世上，除了本能的吃喝拉撒睡外，其他的本领都需要学习的。比如，写字。比如，游泳。说来也怪，只要提到"游泳"这个词，或者看到电视上有游泳比赛，童年的鼻子被水呛着的直达脑门的酸麻就会再次泛起来。《小先生》里有篇《光膀子的老师们》，那是校长和老师们如何防止学生们下河游泳的故事，现在讲讲我和游泳的故事。

我的老家兴化位于江苏的中部，河流众多，多到什么程度？"有一千条河流在歌唱……"这是我刚学写诗时的诗句，后来被在水利局工作的同学看到了，说人家诗人李白的本领是虚报和夸张，你这个诗人竟然是缩小，兴化为什么叫水网地带，因为这个水网是由一万多条大大小小的河流编织起来的。

想想吧，一万多条，没有栏杆，没有盖子，大部分还没有桥梁的河流，不会游泳的孩子万一掉下去怎么办？我们其实是没有选择余地的，必须学会。一定要学会。哪怕是很难看的"狗爬式"也行,掉在水里不沉下去就行。所以,童年的每个夏天,老家兴化一万多条大大小小的河流上,都会传来哭爹喊娘的叫声。那叫声,都是被大人逼着下水学游泳的孩子拼命喊出来的。每个父亲都有完全不一样的游泳训练法。

我家是世上独一无二的"暴力游泳训练法"——父亲用小木船把我们带到河流中央,然后把我们抱起来,直接扔到水里……"暴力游泳训练法"的核心内容是,利用孩子对于沉水的恐惧,用强烈求生欲爆发出来的能量,本能地在水中乱抓,瞬间唤醒了原生的"狗爬式"。

扑通,扑通……

就这样,大哥学会了游泳。

扑通,扑通……

二哥也学会了游泳。

轮到我的时候,父亲没有听到扑通,扑通……甚至一声扑通也没有,只听到完全消极的咕噜,咕噜……被扔到水里的我,手脚根本动不了,直接咕噜

第一阶

咕噜往下沉。等我被河水灌了个半死之后，父亲这才拎着我的头发把我捞上来。

我记不清当时的想法了，可能是我被吓住了，也有可能是我抗拒父亲这种粗暴的训练法。一个夏天，学了三次，我下沉三次，父亲也把我救上来三次。父亲想不到，也想不通，代代相传的"暴力游泳训练法"为什么偏偏在我身上失效了？父亲对我的态度变成了：不管不问，听天由命。我对自己也很失望，每当看着小伙伴们在河里自由地扑通扑通，在水里捉鱼捉虾，羡慕，难受。

我决定自己学。那时已没人帮我，还不能让其他已会游泳的小伙伴发现，我总是假装去水码头洗菜，然后沿着水码头慢慢探下河，浮起身体，扶着水码头，小心推开自己，再游向码头。我的推力一次比一次大，反作用力当然也一次比一次大。我离开码头的距离也越来越长。

扑通，扑通……

原来我不是旱鸭子啊，原来我不是笨小孩啊，原来我也是会游泳的！学会游泳的那一天，我成了一条愉快兴奋的飞鱼，在水中泡了一个下午，要不是黄昏时分母亲命令我上岸，我能把兴化那一万多条河流全部游完。多年之后，我读到了天高任鸟飞，海阔凭鱼跃这十个字，好像就是为了形容我学会了游泳那天的愉悦。

我家的"暴力游泳训练法"对于大哥二哥，是有效的。到了我这里，不但无效，而且不快乐，还咕噜咕噜往下沉。那时我的肚子里不知道被灌进了多少不知所措的河水。

是的，我是完全被动的。因为被动，那种本应该属于我的那"天高任鸟飞，海阔凭鱼跃"的愉悦还处于沉睡状态，没有被唤醒。这跟我们的被动的作文训练一样。被动的作文训练，并不能打开我们和好作文之间的愉悦通道。

我们的作文课不仅是考试功课，也是一门特别的人生功课，让我们获得自我表达能力，更因为准确而有力的自我表达得到愉悦。这愉悦，是因为表达内容

被世界认同的愉悦。如果一开始就胡编乱造，首先失去的是自我表达的愉悦。那样的话，通向好作文的秘密通道也被堵上了。这样的训练做多了，反而事倍功半。等到反作用多次叠加，多次说谎的匹诺曹的鼻子就更长了。

为什么我们要在作文本上说谎呢？为什么我们不能在作文本上说说真实的自己呢？我们可以让自己回到"我们"自身。"我们"首先是名词。比如，眼睛，鼻子，嘴巴，头发。比如，夹克衫，牛仔裤，运动鞋。这些名词又是由动词串起来的，看见，嗅到，咬住，脱下，穿上，擦洗。所有的名词和动词还有一个主语："我"。

《小先生》是写教育的，与教育有关的名词应该是黑板、粉笔、讲台和教室。但《小先生》里仅仅写黑板、粉笔、讲台和教室是完全不够的。墙角的晚饭花。眨眼睛的豌豆花。办公室门上的粉笔花。甚至，那些编外学生，作为留级生的猪、羊、狗，作为旁听生的鸡、鸭、鹅，作为借读生的喜鹊、鹧鸪、灰鹤、癞蛤蟆们，作为寄宿生的麻雀、老鼠、野兔、黄鼠狼，还有作为流生的猴面鹰。这些貌似与教育无关的，恰恰是与"我"有关的名词。

还是他自己在他的作文里说出了他的秘密。记得那次作文题目是写一个"你最崇拜的人"，很多孩子们心中最崇拜的是名人，唯有这个孩子没有写任何名人的名字，而只是写了一句："骑自行车的人"。

后来在下午的活动课上，我和我们班的学生就用一根扁担横绑在车后架上，帮他学骑车。他学得很勤奋，涨红着脸，努力降伏总是左右摇摆的自行车。

终于他学会了骑车，我看过他骑车的样子，他骄傲地抬着头，目视前方，像那只冲出教室的麻雀，不，他更像一只怒飞的雄鹰！

一个拐腿的孩子，生命中最重要的名词是自行车，

第一阶

也只有"自行车"这个名词,才能唤醒这个拐腿的孩子,才能给这个孩子飞翔的愉悦,也给了整篇文字飞翔的愉悦。

我们找到了属于"我"的名词,再自我表达,那就一定会远离胡编乱造,生命会像泉水一样流淌出自我表达的那份愉悦。

像新叶子一样的名词都在生命的"第一次"里等着我们。第一次旅行。第一次演讲。第一个篮球冠军。第一口螺蛳粉。第一次打扫卫生间。其实,生命中诸多的第一次都是独一无二的,都是我们的名词,也都是我们的成长之路。"第一次"里的名词们里,有真实,有真情,有真心,都是如钻石般宝贵的"真"——因说谎会长得很长的匹诺曹的长鼻子最怕这个"真"了。

有句话是这样说的:昨晚多几分钟的准备,今天就少几小时的麻烦。从现在起,我们可以尝试建一个属于自己的"素材仓库"了。试想一下,如果平时大手大脚,将颗颗"素材粮"散落一地,时过境迁,转身就不见。一到写作,或者到了考场,是不是就闹"饥荒"

了。那种心底没着落的感觉真的不好受。等到写作文的时候,仓库里没有"粮食"的我们,只能硬着头皮胡编乱造,只能任说谎的长鼻子越长越长了。

加油!

为什么我的芋头不开花?

小先生:

你好!

很佩服《小先生》,第一佩服的就是那些闪闪发光的题目。《一朵急脾气的粉笔花》,看见题目就会引人猜想,粉笔怎么成花了,又有什么样的急脾气。《布鞋长了一双眼》,谁的布鞋长了什么样的眼了? 不能不往下读下去。《卷了角的作业本睡了》,好好的作业本怎么卷角了,又为什么睡着了?《丝瓜做操》,丝瓜怎么能做操? 我倒要看看你是如何自圆其说的,嘿,别说,圆得可真巧妙。《穿白球鞋的树与调皮的雪》,树怎么会穿白球鞋,雪调皮可以有这一说,跟树又有什么关系?《我听见了月亮的笑声》,月亮会笑? 她又笑什么呢? 记忆最深刻的是那篇《芋头开花》,我

小先生的作文课

看过一垄一垄的芋头，却从未见过芋头开花。《芋头开花》太好玩了，最后芋头和男孩都开出了灿烂的生命之花。

　　我的生活中也有一些有趣的、有意义的事，写到作文中，反而像流水账，为什么会这样呢？怎样才能写出像芋头花一样的好作文呢？

　　祝
一切顺利！

想开花的芋头

2023 年 10 月 29 日

想开花的芋头：

你好！

我很喜欢"想开花的芋头"这个名字，就像喜欢"想飞翔的鹅"一样。

天鹅天生就会飞，"红掌拨清波""曲项向天歌"的家鹅与天鹅酷似，它也有一对翅膀，当然也有飞翔的梦想。

——凭什么不想飞呢？

事实上，童年的我见过无数只大鹅飞起来的样子，它们从草垛上起飞，它们从高堤上起飞，它们从水面的树干上起飞，飞过一段很长很长的距离，然后收拢翅膀，像天鹅一样落在清澈的河面上。

大鹅们拍打起来的白翅膀，像诗人在空中写下的抒情诗。

鹅能飞翔，作为种在土壤里的芋头，同样也应该有开花的梦想啊。去年春天，有位读过《芋头开花》的少年，在自家阳台上的花盆里种下了芋头，给它浇水，晒太阳，芋头出芽了，然后长出了一柄小扇子样的叶子，再过了半个月，又长出了一柄小扇子样的叶子。他一直很期待马蹄莲花般的芋头花。可是，夏天过去了，秋天过去了，冬天也来临了，芋头叶都黄了，那棵芋头也没有开花。

芋头是天南星科芋属植物，以无性繁殖为主，在特别的高温小气候的条件下，它是会开花的。为了弥补种芋少年的失望，我为他提供了芋头花图片，还有"芋头开花"的新闻。

—— 能成为新闻，就证明了芋头是能够开花的，也说明了芋头开花并不常见。

我请种芋少年把种芋头的事写成一篇作文。种芋少年如约完成了。可是他写成了流水账，从春天写到夏天，又从夏天写到冬天，写了期待，也写了失望。

种芋少年问我，这篇作文可以得多少分？我先让他自己给自己打分。种芋少年给自己打了80分，我给出的分数也是80分，正好是作文考试评分的二类作文。他失去了20分，为什么差了20分？为什么不是一类作文呢？

第 一 阶

原因在于种芋少年没有好好写"我",作文的题材其实很好,但写作文不完全凭题材取胜,而是以"我"取胜。春天期盼的"我"和冬天失望的"我"既是同一个我,又不是同一个我。冬天的"我"应该是崭新的"我"了。如果在文章的结尾,写的不是失望,而是感谢芋头陪同他共同度过的三个季节的时光,那该多好。如果那样的话,阳台上芋头是没有开花,但时光的芋头已在少年的心里开出了感恩之花和成长之花。

我回头看了看昂着头偷听的他,他碰到我的目光,迅速地把头低下去了,脸还红了。红了脸的他还是蛮可爱的。

一个做过阑尾手术的孩子吹嘘他的伤口,被我发现了。我没有批评他,而是回头看了看,孩子与我的目光有了交汇,交汇之后,他瞬间成长了。每个人都是这样,在无数个瞬间中,迅速成长。而生活本身,也会提供给我们瞬间成长的机缘,比如一次失败,一次误会，一场雨，甚至是一道彩虹。

突然有个学生指着天空说："先生，先生，看那彩虹！"我抬起头，真的有一道彩虹挂在东边的天空上。我已有很长时间没看到彩虹了，彩虹真的很美，我有些眩晕。孩子们跳跃着："彩虹！彩虹！"仿佛这彩虹就是他们的童音喊出来的。

这是《小先生》里的《彩虹》，我和背不出课文的学生们被困在了课余时间里，后来，我放过了学生们，黄昏的天空中就出现了一道炫目的彩虹。这道彩虹是自然的，也是我和学生们心中的，是有心人发现的，那彩虹是一瞬间起飞的鹅，也是一瞬间开放的芋头花。

他就拿出了写有我貌似认识却不认识的"劢"字的一张纸，字写得很好看，有棱有角。我问他是谁写的，他先是点了点头接着又摇了摇头。

我的确不认识。面对他诡异的眼神，我只好

第一阶

说不知道这个字。看到这个学生脸上一闪而过的得意,我终于想起了那个老教师的话,我脸上有点烫:"真的,这个字我真的不认识,待以后我和老教师商量后再告诉你。"我以为他会走,没想到他却说:"叫'迈',豪迈的迈。"说完就像老鼠一样窜走了。本来我再想看一会儿书,可心情一点儿也没有了。

《考你一个生字》中18岁的小先生,像一颗青涩的柿子,既紧张,又拘谨。被学生用一个生僻字难住的小先生,是出了洋相的小先生,也是有着无数生长空间的小先生。

冬天来了,我去县城人武部商店买了一件黄色的军大衣。我就裹着黄军大衣刻蜡纸。天很冷,罩子灯上的鸡蛋熟了,我把它握在手中,揩着鼻子上的清水鼻涕,继续刻写讲义,我觉得生命中有一种东西正在被我犁开。"姓名＿＿""学号_____""得分_____"。我必须先刻写下这些，然后再开始写下第一项内容。刻完之后，原先厚重的蜡纸被我刻得轻盈了，在灯光下多了一种透明。我知道，我已和以前的老教师一样，把寂寞这张蜡纸刻成了一张试卷。

在《寂寞的鸡蛋熟了》里刻试卷的我，吃鸡蛋的我，都不再是原来18岁的我，而是一个成熟的小先生，也是享受寂寞理解命运的小先生了。

在写作《小先生》《小虫子》《小糊涂》的时候，我的书桌上总放着《西游记》。我太喜欢孙悟空了。一直在成长的孙悟空，大闹天宫的孙悟空，压在五行山下的孙悟空，加入取经队伍的孙悟空，抵达西天成为斗战胜佛的孙悟空。

《西游记》是一部杰出的成长小说。我们的成长从来不是渐进式的，而是瞬间突进式的。每个人都是孙悟空，都是在写作文中不断成长的孙悟空。《小先生》的83个故事，第一段中出现的"我"，与最后一段

第 一 阶

中出现的"我",都是不一样的。第一行中的"我"和最后一行里面的"我"本来是同一个"我",又不是同一个"我"。最后一行的"我",是已在瞬间成长了的"我"。

—— 哪怕是一点点成长,我们都会拥有大鹅飞翔的能力,也拥有了"芋头开花"的奇迹。

一个孩子就这么长大了。不管你信不信,如果不是我亲眼所见我也不相信,连最老实的芋头也学会了开花。

每天早上醒来的,我并不是昨天晚上的我。
每个星期一进校,我并不是上星期的我。
每个新学期报到,我并不是上学期的我。
每次旅行回来,我也不是旅行前的我。
就像我们和爸爸的关系,小时候,我们每个人都是那样地仰望和崇拜爸爸,爸爸什么都是对的。忽然有一天,我们突然发觉崇拜了好多年的爸爸,竟也有解不了的数学题目。

那一个瞬间，我们想笑，我们也想哭。笑和哭，都是我们的"一瞬间的成长"。成长是好作文最打动人的力量，也是最能打动改卷老师的地方，也是最有得分点的地方。

相信自己，只要想飞翔，我们都会长出翅膀；只要用心种植过，我们的芋头都会开花。

加油！

第二阶

接下来,听一听小先生自己写作文的酸甜苦辣吧!

把尴尬记下来慢慢欣赏

小先生:

你好!

小先生和一百多本备课笔记的故事,让我想起了"李贺诗囊"。你就像那个诗人李贺,骑着毛驴,搜集素材,把小先生和学生的故事,一一放到了身后的诗囊里。

我有几个问题希望能得到你的解答,你是否在成长道路上也遇到过像"小先生"那样对你影响深远的老师? 在《我听见了月亮的笑声》里,你掉到泥坑里的故事写得那么风趣好玩,除了月亮,这件事是没有别人看到的,是属于一个人的尴尬,应该不会好意思告诉别人的。

我也有很多像你那样掉进泥坑里的尴尬事,可我总是不好意思写自己,我该怎么办?
　　此致
敬礼!

本公主
2023 年 11 月 5 日

本公主殿下：

你好！

把我和李贺相比，我实在太尴尬了。好在我已不怕尴尬了，比如《小先生》，它的另一个名字应该叫作"小先生尴尬大全"。我被学生用"劜"这个生僻字考住了，用土布鞋踢足球崴伤了脚，去家访的时候，因为近视眼，踩进了田埂边的泥坑里……小先生的尴尬实在太多了。

但尴尬其实并不可怕，尴尬事里最能出好文章，因为我们的"尴尬"里面有情，有趣，还真实。坦诚讲述自己的尴尬，不是什么丢脸的事。一个人的成长之路，本来就是一个又一个尴尬叠加起来的开挂之路。

我有一个一直没有告诉过别人的大尴尬，是我上师范时的事了，老师让我们上黑板板书，结果我在黑板上写出了一个大大的错别字。"嘴巴"的"嘴"，下面应该是个"角"，而我却写成"用"。在全班同学的哄笑声中，老师帮我纠正了这个错别字。我当时心里很不服气，下了课立即去查《新华字典》，的确是我错了。

因为丢了脸，我难过得没有去食堂吃午饭。这个错别字是我的小学语文老师教我的。当时我们的老师都是从村里农民中筛选出来的。教我们语文的老师能识字，教我们数学的会打算盘。我们没有课本，语文老师就把报纸裁成一片一片的，每一片上写上毛笔字教我们认。数学课堂上，老师背来一只算盘教打算盘。

到了晚上，我实在饿得不行，就拿着饭盆悄悄去食堂吃晚饭。我竖起耳朵听大家的议论，好像没人议论我。稍微松了一口气的我，整个晚自习都在翻阅《新华字典》，我知道，除了这个"嘴"字，我还跟着毛笔字很好的语文老师学会了其他错别字。

写错别字的尴尬过去了，想不到做了老师之后，不认识生僻字的尴尬又找上门来了。当时个子小，年龄小，"欺软怕硬"的学生们把我和老教师是区别对待的。在老教师的课堂上，他们从来不调皮，到了我的课堂上，调皮的天性就全部暴露无遗了，简直就是大闹天宫，常常是按下葫芦浮起瓢。我把嗓门提得很高，

第二阶

还是没有用。那个在简陋的宿舍里自责沮丧的18岁的小先生，没有一点"师道尊严"，也无法达到教学效果。属于我的尴尬层出不穷，如影相随。

"小先生，小先生，你说说……这个'励'字怎么读？"

是啊，这是什么字啊？又该怎么读？我的喉咙里仿佛就堵着那颗不好意思的鸡蛋，紧张，惶恐，心虚……这是记在备课笔记反面的第一个尴尬，所以，我根本不是那个写出"黑云压城城欲摧，甲光向日金鳞开"的李贺。

后来属于我的尴尬又发生了很多。之后我就想通了。尴尬既然已经发生了，那就落落大方地记下来好了。记下来，再慢慢欣赏。这样的反思态度让我获得了抗压的力量。我在那本备课笔记的反面记下了很多尴尬，有时候是一天一个尴尬，有时候是一个星期才一个尴尬。奇怪的是，我再重读那些发生过的尴尬，尴尬里不仅是尴尬了，还多了可爱，多了可亲。

过了不久，听到老教师无意中说起，学校有规定的，每学期教师的备课笔记本要上交的，以备上级检查，就像学生交作业一样。我一下子警觉起来，交上去之后，这备课笔记还返还不返还呢？老教师回答说不返还，主要是防止教师偷懒。过去发生过，有教师今年不备课，用去年的旧教案本充数。

怎么办？

我决定把那些尴尬转运到我自己的笔记本上。"胖月亮"就是在这个时候出现的。"胖月亮"不是我的发明，是我们学校一位快退休的女教师叫我的："胖月亮，不是瘦月亮，你父母给你的名字真的好有诗意！"这个女教师是误会了我的名字，这是一个特别有诗意的误会。

　　胖月亮在月光下回宿舍，月光的幻觉加上胖月亮的近视眼，使胖月亮认为前面是平地却不料是泥洼。胖月亮一下子陷了进去，好不容易把腿拔出去，却把鞋子陷在了里面，胖月亮又不得不下泥洼里去摸鞋，待鞋子摸出来时胖月亮的双臂

第二阶

双腿全是泥……

这是胖月亮版本的《我听见了月亮的笑声》。这个尴尬里多了这个"胖月亮",就有了间离,摆脱了拘谨,摆脱了束缚,摆脱瞻前顾后,同样摆脱了备课笔记上交的焦虑和恐慌。

人的成长,就像这样,越过尴尬的山丘,就能发现那些尴尬根本不是大事,连小事都算不上。但那些尴尬的确是成长的必修课,一节课一节课上下来,就越过了无数个山丘,"胖月亮"就这样慢慢照亮了自己走过的路,"小熊熊"也蜕变成了"小能能",那路上长了一棵叫《小先生》的尴尬树,尴尬树上结满了又酸又甜的尴尬果。

写尴尬的事,与写快乐的事写痛苦的事相比,更能见到真正的我。那不是丢丑,而是丢丑存美,也是丢旧迎新。公主殿下,如果你愿意的话,我建议你用"本公主"作为笔名,写一本《本公主冒险记》,冒险记的素材就用上那些不好意思讲述的尴尬事。

把尴尬写成一篇篇作文，尴尬就不再是失分项，反而成加分项了。写作文的目的，是让我们在写作文的过程中，在一次次表达训练中，发现未来的自己，找到新的自己。

加油！

妈妈的爱啊，又疼又甜

小先生：

你好！

一个小老师被一个学生问到了生僻字，他没有答上来，回到家后，小先生在心中仔细琢磨这个字，如同我没答上老师的问题一样，那种被考验的恐慌和心虚感一直伴随着我。小老师还把孩子羞涩时红彤彤的脸比作红蘑菇，他理解学生的窘迫；他形容孩子的调皮捣蛋：泥土里长大的孩子总是时不时长出侧枝，这需要及时而用心的修剪。还有《挤暖和》，五六个学生挤在一起，惬意地晒着太阳，这件事像牙膏的清香一样，用力一挤，"暖和"便在我的心中回荡着。

上周，为了迎接期中考，我们一起训练了有关亲情的作文。我写的是母爱。为了语言更生动、更抒情，我特别加入了一些优美的词语。老师让我们同学之间做作文互批,同座批改的时候,狠狠批评了我的作文,说她很不喜欢那些更"优美"的文字,虚假,矫情,让她起了许多鸡皮疙瘩。我听了之后非常难受,但又无力辩解。她说得的确有道理。我想问的是,如何让我的作文像《小先生》那样,既生动又真实,情感强烈又不让人起鸡皮疙瘩呢?

  此致
敬礼!

灰小灰

2023年11月8日

灰小灰同学：

你好！

这世界上有很多种语言，但"妈妈"这个词的发音基本上都是相似的。无论是亚洲，欧洲，或者非洲，甚至是太平洋岛国，都是这样叫：Mama。

语言学家说，这是因为"Mama"这两个音节不需要复杂的口腔位置，婴儿很容易叫出"妈妈"这个词。

这是一件多么温暖的事，所有语种的孩子都在妈妈的怀抱里叫唤妈妈。妈妈用慈爱的目光看着孩子。

但是，我们能准确地用自己的作文写出妈妈的爱吗？比如说，我们在作文中不停地说内心的话："妈妈很爱我，我也真的很爱我的妈妈。"

这样写，会有效果吗？

同座同学的评语已为我们回答了这个问题，就像你吃了一味特别美味的冰激凌，不停地说：好吃，真的很好吃。即使你很认真地说了一万遍，别人还是对那么好吃的冰激凌没有感觉。

这是表达的无能为力，也是表达的无可奈何。每个开始表达的人，都会有这样无能为力和无可奈何的困难阶段。在我多年写作中，也有过这样的困难阶段。遇到这样的困难阶段并不可怕，困难都是用来战胜的。

在扬州上师范的时候，刚刚开始写作的我笔下的童年总是那么的温暖，我的妈妈是天下最好的妈妈。我觉得写得还不错，但老师说写得不好。我说我写的是亲身经历的真人真事啊。老师问，你看过朱自清的《背影》吗？如果你仔细读，就会发现字里行间全是儿子和父亲的矛盾，朱自清没有回避这个矛盾，整篇文章反而因为父子矛盾的"阻挡"，情感显得更加真实而灼热。你的童年有没有不为人知的酸与苦？比如饥饿，比如孤独，比如爸爸妈妈在艰辛日子中的暴脾气。

我哑口无言，这样的饥饿、孤独以及爸爸妈妈的火暴脾气的事实在太多了。

老师说酸与苦也是童年生活中的一部分，你要把甜写得真实，那就得同时写出酸与苦。

你想写糖，不能只写糖。

我们写下妈妈给予我们一块"糖"的同时，也可以

第 二 阶

写下妈妈给予我们的一个"巴掌"。在这里,"糖"和"巴掌"这两个名词是有引号的:"糖"和"巴掌"可以替代成同样意思的名词。

妈妈的爱,可以置换成我们跟妈妈的"争吵"和妈妈给我们的"巧克力"。写出我们跟妈妈争吵时的疼痛,也写出妈妈和我们相互理解之后的甜蜜。

如果这样写下来的话,就能够越过表达的"无可奈何"的困难阶段,作文纸上呈现出来的妈妈的爱就不是美颜相机式的"真实",而是专业照相馆样的真实。我们的专业照相馆里除了摄影师的技术,还有摄影棚灯光:有用于背光的光源,也有用于侧光的光源,还有底光和顶光的光源。这么多的光源,不仅是为了打光,也是为了制造"阴影"。反过来说,制造"阴影",是为了突出被光照亮的部分。既有强光,又有阴影,人物这才立体而真实。

校长还在说什么,但我的身上像是全身都爬满了辣人的洋辣子,耳朵里像是有一只知了在拼命地叫……

委屈，差点让我流下泪来。

当天我就离开学校回家去了，我没有告诉那些孩子。家里的夜晚也很热，我就走出屋外，想想自己的命运和苦闷，总是想得头疼。我想得最多的，还是那些正在领操台上纳凉的少年们，想着想着，一颗颗流星就从天幕上掉下来了，像"麦穗子"堆中的火星一闪一闪的，而那乳白色的银河就像是麦穗子堆上盘旋直上的一缕青烟。

《流萤》一幕，是我生命中特别尴尬的经历。处于成长苦闷期的我，很想离开这所寂寞的乡村学校，然后我趁着暑假，蹲在学校里准备复习考研，最后被校长劝说回家，当然也放弃了考研。这属于我的"阴影"部分。也因为有了《流萤》这一幕，《寂寞的鸡蛋熟了》中煮鸡蛋的那盏罩子灯才那么亮。

不回避矛盾，不美化自己，尤其不要回避"阴影"部分的素材。在《考你一个生字》中，小先生是老师，

第 二 阶

学生问老师,一个生僻字的读法,老师答不出来,这不是常态,而是老师自身知识的不足,也是一个新老师的尴尬。尴尬也是"阴影"部分。如果回避了这样的尴尬,"阴影"背后的爱和成长就会乏力和虚空化。

"最后一袋。"母亲说,"真的是最后一袋。"

随后,母亲说了一句诅咒自己的话,意思是如果不是最后一袋她就是什么什么。

他听得清清楚楚。

他的指头疼了起来,不只是四根手指头,十根指头都疼了起来。接着是全身都疼了起来。

后来,他就是一只哑巴棉桃了。

妈妈为了还清家里的债,带着幼小的我,在人家早已收获过的棉花地里,寻找哑巴棉桃。寒风凛冽,每天的收获又微乎其微,妈妈每天都在骗我:最后一袋了,明天不来了。后来,有一天晚上,妈妈为了证明自己说话算数,她诅咒了自己。当时写到妈妈诅咒自己的时候，我的心是纠结的，要不要写？要不要写？如果不写，我的心很难受。如果写了，我的心也难受。后来，我还是决定写下来，写下来才能对得起我那受苦受难的妈妈：妈妈的爱啊，既疼又甜。

有个不爱吃水果的女孩，妈妈总是在做作业的时候为她送水果和牛奶。女儿说她不需要，但妈妈认为她需要，后来女儿多次抗议，妈妈只送牛奶，不送水果了。有一次，快期中考试了，女儿在自己的书房里写作业，妈妈又小心翼翼推门进来了，当然是送牛奶的。但这次装牛奶的杯子不是女儿喜欢的那只马克杯，冲动之下，女孩使劲推开了，牛奶泼了一书桌，作业本打湿了，还流到了地上。妈妈和女儿发生了冲突。妈妈很伤心，看到妈妈伤心，女儿也很难受。再后来，女儿在爸爸的鼓励下，把这件事写成了一篇作文，叫作《固执的牛奶》，原原本本地讲了妈妈的大固执和她的小固执，两个固执的背后，表达了妈妈对自己的爱和女儿对妈妈的爱。

妈妈的爱，真的是既疼又甜。第一次做妈妈，妈

第二阶

妈肯定有做得不完美的地方,而那样的不完美里,有我们的妈妈内心最真实的也是最打动人的爱。我们写爱的同时,还要写固执,写误会,写泪水。我们写成长的同时,肯定要写优点,但还要写弱点。泪水,弱点,缺点,毛病,还有失败,都是属于光明的"阴影"部分。我们不回避"阴影",不回避"疼",如实写下这些"阴影"和"疼",妈妈的爱就会无比真实,无比甜蜜。

加油!

画作文的几个注意事项

小先生:

你好!

很平常的学校生活到了你的笔下,就特别好玩。"八个女生跳大绳""眨眼睛的豌豆花""急脾气的粉笔花",清新质朴;"纸飞机飞啊飞""猜蚕豆",妙趣横生;"请举起你的手""爱脸红的女孩子""芋头开花",充满了诗情画意……

我和同学们讨论过《小先生》,有人说你拍过电影,好多篇章就像是一部电影。有人说你是画家,很多篇章像是一幅幅画,有的像油画,有的像国画。后来,我们一致认定,小先生精通写作的十八般武艺。

我很苦恼写作文,老师布置了作文题,让我们写一个场景,我一点不会写。为了完成作文,只能像挤

第 二 阶

牙膏似的，拼凑些干巴巴的文字交上去。

你能把那十八般武艺悄悄告诉我们一点点吗？

此致

敬礼！

大头侠

2023年11月16日

大头侠：

你好！

读完信，有一瞬间是开心的，同学们在用很多高大上的话表扬我。仅开心了一会儿，有一句话就"板着脸"出来了：面对表扬的话，要保持足够的清醒。

是的，在教学上，我算是学生们的小先生。在写作上，很多人都可以做我的小先生。我哪里是同学们所说的精通写作十八般武艺的人呢？

矛、锤、弓、弩、铳，
鞭、简、剑、链、挝，
斧、钺并戈、戟，
牌、棒与枪、杈。

这是《水浒传》第二回中八十万禁军教头王进提到的十八般武艺，十八个名词分别代表了一种兵器，于我来说，我一件也不会。我只摸索出了"画作文"，姑且把它当成无名的小兵器好了。

第二阶

"画作文"还要从13岁那年外出求学说起，新学校离我们老家有五公里的路程。我的地方口音遭到了新同学的模仿和嘲笑。好在我很快学会了新地方的口音，交上了很多新朋友。新同座还特地带我去他们家玩，谁能想到呢？他们家竟然有深绿封面的，一百二十回的，分上中下的《水浒传》。翻开第一页，就是一行特别抓眼球的话："《水浒》这部书，好就好在投降。做反面教材，使人民都知道投降派。"好在"投降"？！我从小就是个犟脾气的孩子。不投降，是要准备吃更多苦头的。

我决定厚着脸皮向同学借。（这不是我第一次借书了，11岁我也是厚着脸皮向同村的大哥借到了人生的第一本书《青春之歌》。很多时候，厚脸皮是走出"小我"的第一步。）新同座犹豫了，这是他父亲的书。后来，他开出了条件：代他写一个星期的数学作业；还有，每个周末只能借一本，星期一必须还。

那时候没有双休日，只有星期日放假。周六中午，他依约把《水浒传》上册带给我。记得那个周末，也就是周六的下午，正好下了几天的雨，我脱下布鞋，光脚行走。路上实在太泥泞了，得把全身的力气输送到一双脚的大拇指上，让大拇指变成两只防滑的钩子，这样才能走稳以保证我书包里那本《水浒传》的安全。大人们说过《水浒传》，但我真没有读过。

《水浒传》实在太了不起了。我彻底掉进去了。我们家用的是自制煤油灯，煤油对于穷人家是非常重要的物资，必须节省着用。正读得如痴如醉的时候，父亲对我大喝一声，你还不熄灯睡觉干什么？要是在平常，我肯定会吓得直哆嗦，但有了《水浒传》，我好像不怎么害怕了，对着父亲说："这是数学书，老师要我们看的。"说完我后悔了：为什么要说数学书？为什么不说语文书？想不到父亲放过了我。父亲是文盲，他不识字，说语文书说数学书一样有效。

周一早上，我把《水浒传》上册依依不舍地还给了同座，继续开始第二周的"合作"。到了星期六中午，同座说不能借我了，他父亲发现了，不允许把《水浒传》借出去。我不但没有看到后面的《水浒传》，还白

第 二 阶

写了一个星期的数学作业。

那个星期六晚上我回到家,神情疲惫而沮丧,母亲以为我在学校闯了祸,其实我是在想念鲁智深,想念林冲,想念武松,想念神神秘秘的吴用。后来,他们干什么了呢?后来,他们有没有投降呢?实在太想念了,到了星期天的上午,我在打谷场的泥地上,用一根芦苇秆,画出了我上星期读的《水浒传》。

就这样,打谷场被我变成了"水泊梁山图"。小伙伴觉得画很奇怪,他们看不懂我画的图。并不是他们的问题,而是我画画水平太差了。但我自己看得懂就够了。打谷场足够大,比很多学校的操场还要大。我画了"九纹龙大闹史家村",又画了"鲁智深大闹野猪林",还画了因没有见过老虎怎么也画不好的"武松打虎"。反正,我"画"的就是《水浒传》。再后来,我就把这个笨笨的画作文方法坚持下来了,一直坚持到现在。

过了好久的一天,我打开办公室的门,办公

室的门上有一朵粉笔花在摇曳着。说实话这花画得并不美，花盘倾斜，花瓣也不全，像一朵没准备好就匆匆开放的花。一朵急脾气的花，这是谁画的呢？我看了一会儿，觉得一种什么情愫将我打动，我拿起粉笔就在这朵粉笔花的上面画了一只蜜蜂。

画蜜蜂的本领，当然也来自因想念《水浒传》在打谷场地面上乱画的那个上午。因为"画作文"给我写作文带来了甜头，也给我的写作带来了甜头。如果说《小先生》里有什么十八般武艺的话，也肯定出自那块被我画得面目全非的打谷场。我总是习惯性把写《小先生》"置换"成了画《小先生》。画一幅简笔画，写一篇文字。等于用文字"翻译"一遍简笔画。这种写作习惯对我很管用，"画"完之后再写，写起来心里特别踏实特别自信。如果不"画"的话，那心里就是空荡荡的，无所依靠的空荡荡。

当然，并不是机械地一篇文章对应一幅简笔画，

第二阶

有的只需要一幅简笔画,有的则需要两幅,有的文章还需我画三幅,构成了连环简笔画。

《寂寞的鸡蛋熟了》用了一幅简笔画。

一个小先生,一盏罩子灯,罩子灯上的铝盒,铝盒里的鸡蛋是不要画出来的,因为看到了铝盒,就想到了鸡蛋:那些在寂寞的乡村学校的夜晚,被我吃下的罩子灯煮熟的鸡蛋。

《穿白球鞋的树与调皮的雪》用了两幅简笔画。

第一幅:学生们用秃扫帚给树根刷石灰水,也就是给树穿白球鞋。

第二幅:校长站在树下,被树上落下的雪打中了。

《撞进教室的麻雀》用了三幅简笔画。

第一幅:教室里有一只麻雀。

第二幅:操场上,那些"架鸡"的孩子。

第三幅:帮拐腿的孩子学骑自行车。

"画作文"就像借鸡生蛋,画完了再写,等于重新构思了一番,还有想不到的惊喜之蛋降临在纸上。

孩子们最不受季节控制的玩法是叠纸飞机。课余我会在办公室里看到办公室外有一架又一架纸飞机飞行,连我们的教室屋顶上都有很多遇难的纸飞机。有一次上课,我刚转过身去,一架纸飞机就撞上了我的后背然后坠在我的脚下。我没有回身,继续在黑板上写。粉笔沙沙地响——教室里很安静,远处有隔断鸟(一种出没于稻田里有血红鸟冠的黑羽野鸟)在叫,"隔断——""隔断——"。

这是"画"《纸飞机飞啊飞》的特别收获,刚刚画完,耳朵里就"听到"了一种鸟的叫声,就是文字中的隔断鸟,原来的隔断鸟并不在素材中,是"画作文"唤醒了储存在记忆中的隔断鸟,这样的额外收获,比中了大奖还让人开心。随意而写,想到哪里写到哪里,易遗漏,易顾此失彼,易丢三落四,丢三落四的场景,是要被扣分的。

我还有一个习惯,那就是"画作文"借鸡生蛋之

第二阶

后的画稿要全部销毁。原因有两点：一方面是简笔画，画得又不大，可以涂抹掉。如果一张纸画满了，那就撕毁掉。另一个原因是画作文画了这么多年，虽然写作有了点进步，但画艺依旧还是像当年打谷场上那样拙劣，实在无法见人的。藏拙，是属于我的小小面子。幸好还没有第二个人见过我的"丑画"。

十八般武艺样样精通，练就一身钢筋铁骨。

这是扬州评话中有关十八般武艺的完整表达。无论多少种兵器，十八种也好，十九种也好，再多的兵器放在我们面前，如果不"下苦功"，所有的兵器都是摆设。上高中的时候，班主任老师给我们上班会课，他在黑板上只写了三个大字：下苦功。老师指着这三个字说，无论做什么事，都要好好琢磨这三个字。一是下。一是苦。一是功。需要百分之百"下"力气，需要吃下百分之百的"苦"，做到百分之百的有用"功"，少一个小数点都不行。只有把这三个字全部做好做到极致，方能苦尽甘来。

　　画作文，下苦功。这六个字，就是我的"武功秘籍"。推荐大家试一试，用自创画法，或者最最简单的简笔画、漫画、连环画，又或者是大家喜欢的"手账"，"画"下每个有感想的时刻、每件想记下来的独特事件……总有一"画"属于我们，一直画，坚持画，直到画出我们的好作文。

　　加油！

"无米之炊"？笔和老虎来对付

小先生：

你好！

我读过好多遍《一条黑狗叫阿三》。妈妈不同意养狗，理由很简单，家里是套房，如果家里有更加宽敞的空间，能住上别墅，就随便我们养狗养猫，就是养成动物园，她也同意的。这个养狗条件，实在是太难实现了。

有次老师让我们写一个动物朋友，我交了白卷。妈妈狠狠地批评了我，说我是故意的，说我不是想成为作家的嘛，作家可是什么都能写的。

"如果不给你米，你能空手煮出一锅的饭吗？"

这是我在心中回妈妈的一句话。

后来，爸爸带着我去了他的同事家，叔叔家有条秋田犬叫欢欢。我跟欢欢玩了一个下午,回家后我就补交上了作文:《会笑的欢欢》。可是如果叔叔家没有欢欢怎么办?很多时候老师要求的作文内容我都没有经历过,我该怎么办呢?

  此致

敬礼!

文刀小刘

2023年11月26日

文刀小刘：

你好！

我也喜欢狗，狗的优点实在太多了，比如爱，比如单纯，比如忠诚，比如快乐。

"我们也5点再见好吗？"

这是另一只秋田犬的故事，帕克教授和他的秋田犬八公常常说的那句话。每天早上，八公都会陪伴帕克教授到车站，傍晚准时在车站等候他归来。一天，帕克教授意外离世，我们的八公每日还是坚守在火车站前，执着地等待着帕克教授，十年如一日，直至生命的最后一刻。记得看完了电影《忠犬八公》的那个下午，我都不敢与人对视，因为眼睛为了忠犬八公哭肿了。

很晚才回家的父亲根本就没看到扫得无比干净的地面，但父亲还是很有耐心地听了他讲述准备养狗的要求。

父亲提了一个要求。

"先给我学几声狗叫听听。"

他愣住了,没有听错。

"汪、汪、汪。"

"汪!汪!汪!"

"汪汪汪!"

父亲笑着摇了摇头。

他也觉得不像,自己的模拟狗叫太单薄了,嗓音飘忽,躲闪胆怯。

父亲问他要不要听他学狗叫?

还没等他回答,父亲就拉住母亲,让母亲做裁判,看父子两人比赛学狗叫,听谁学得像。

母亲笑起来,父亲也笑起来。

他低下头去,他知道自己不能养狗了。

父亲没有放弃比赛。

父亲的狗叫声在深夜里传得很远。

村庄里的狗听到了,也跟着叫了起来。

在此起彼伏的狗叫声中,他承认自己失败了。

父亲学的狗叫的确比他更像,简直就像真的

第二阶

狗叫一样。

要不是母亲忍不住笑了起来,父亲的狗叫声肯定会把全世界的狗唤醒的。

这是童年的养狗故事。我向大人们提出养狗的要求,结果换成了养螳螂。后来我就想要个大院子,院子里种满我自己的树,长满我喜欢的花,最重要的是,也养条忠犬八公那样的狗。

可直到现在,这个理想还没有实现。但好在我已能够在心里养狗了。这是一个作家的优势,可以用想象的方式养狗。

我"养"过田园犬,"养"过柯基,"养"过阿拉斯加,"养"过微笑的柴犬,还有"养"在书房笔筒里的吉娃娃,真的就像是"无米之炊"。作家是什么都能写的,但作家不是什么都需要经历的。作家要做饭的"米"不一定在他的米箩里,但必须出现在用出色的观察力编织成的"网"里。《水浒传》里面有一幕特别精彩的"武松打虎"。作者施耐庵亲自打过老虎吗?施耐庵看到过别人打老虎吗？没有一个作家，为了写篇打老虎的小说，亲自上山去打老虎，或者亲自去看人家打老虎。这样的老虎是打不起的，就是打得起，也是不敢打的。起码我是不敢的。

施耐庵（1296—1370），原名彦端，字肇瑞，号子安，别号耐庵，生于兴化白驹镇，祖籍苏州，元末明初小说家，中国四大名著之一《水浒传》的作者。

我也是江苏兴化人，我们村里老人大多不识字，但只要说起同乡大作家施耐庵，就像是说起老熟人。尤其是说到施耐庵如何如何写《水浒传》，说得活灵活现，都像是亲眼所见，好似他们当时就在旁边帮着磨墨帮助铺纸然后在一边观看的。

老人们说得最多的是施耐庵写"武松打虎"，用他们的话说，大作家被"拦路虎"难住了，就像是老师让你写你的动物朋友，因为大作家施耐庵也从来没有过老虎这个动物朋友，所以，本来写得很顺利的大作家就被"武松打虎"这一章难住了。施耐庵写了，重写，反复好几遍，还是找不到打老虎的感觉。大作家很痛

第二阶

苦。老人说到这里的时候，还皱着眉头摇头说："难呢，就像生不出孩子的痛苦。"

面对"生不出孩子"的痛苦，施耐庵索性把家里的长板凳当成老虎打。一条长凳子放在堂屋当中，施耐庵像想象中的武松那样一只手按住长凳，把凳子当作老虎，还一边打一边吼叫。还是没有打老虎的感觉，板凳是死的，老虎是活的。于是，大作家施耐庵继续痛苦，继续是"无米之炊"的痛苦，继续是"生不出孩子"的痛苦。

再后来一个黄昏，为写《水浒传》瘦了十几斤的施耐庵听到外面很热闹，像是有人和狗在打架。出去一看，是一个喝醉了酒的外地人在跟一条大黄狗打架呢。不晓得是大黄狗惹了外地人，还是外地人惹了大黄狗，反正施耐庵赶到的时候，喝醉了酒的外地人与那条大黄狗的战斗进入了高潮阶段。喝醉酒的外地人是练过武功的，虽然喝多了酒，步伐还不算乱，只见他腾跃身体，趁机揪住张大嘴巴想咬人的大黄狗脖子，大黄狗哪里肯服气，拼命反抗挣扎。喝醉酒的外地人用腿死死夹住大黄狗，举拳砸向大黄狗的头，一拳头，两拳头，三拳头……

后来怎么样了，施耐庵管不了了，他已得到写作的"米"了。是"武松打狗"，也是"武松打虎"。回到家，施耐庵一口气写到深夜，写出了那章"武松打虎"。

> 下课的铃声响了，我看见学生们都走到金色的麦田中了，当麦浪涌上来，我就看不见我的学生们了，我的心也好像掉下去了。我只踮起脚尖看。

这段并不在原来的草稿中，也就是说，这个场景并不在备课笔记的反面的素材中。备课笔记的素材中，这一段的事情，仅仅记载了七个字：

> 放忙假。回家割麦。

放忙假，是当年的特别假，有一个星期时间，让学生回家，成为农忙季节父母的小帮手。放忙假一般

第二阶

是麦子成熟季前两天左右。为了准确描写孩子们放假回家的情景,我特别骑车去了快要成熟的麦田里。阳光炙热,麦子金黄。麦子们和我差不多高,我蹲在麦地里用手机拍了很多照片。后来,我收起了手机,放忙假的时候,孩子们肯定不会像我现在这样蹲在麦田里欣赏风景的,他们都是急着要回家的。于是,我就奔跑起来。

一阵麦的波浪涌向天边了,我又看到我学生的黑头颅了,我似乎还听见他们的歌声——阳光一般透明的歌声。有个学生还在麦地中快速地跑起来,我感到了一排排金色的麦子又向他俯冲过来了,那些金色的麦子都想抓住这些急急回家的孩子们,可它们能不能抓住呢?只一恍惚,那些学生们就全不见了,好像一只只麦鸟消失在麦田中了,我突然有了一股想在麦田中打滚的冲动。

像这样的场景,《小先生》有400多个。这400多个场景,有观察的功劳,也有通过观察"唤醒"当年的场景。400多个场景,就是400多颗"米"。再后来,我用这些"米","煮"出了一碗叫作《小先生》的米饭。

一般人家的狗怕奶奶(外婆),而不怕爷爷(外公)。

有主人牵着的狗,如果是大狗,是不会向我叫喊的,如果是小狗,它是会向我叫喊的。

大狗一般都喜欢胖胖的男孩。

有一个人家的狗是狼犬和柯基的串种,结果是狼犬的头,柯基的尾巴,柯基的性格,见到人非常热情,胖屁股一扭一扭的,完全辜负了它的狼犬的头。

有一个人家的阿拉斯加狗16岁了,相当于接近人类的100岁了,主人对它特别好,每天都用推车把这衰老的阿拉斯加推出来晒太阳。

有一段时间,我们小区的楼梯口总是有一条狗在转来转去,是一条被抛弃的狗,因为小区的

第二阶

楼与楼是一样的,它不知道自己的主人住在几号楼几单元。后来,有人打电话给小区保安,怕这个无主的狗伤害孩子,小区保安送出去一次,结果几天后,这条狗又出现了,瘦了许多。

以上,是我有关狗的观察笔记。除了这个,我还有有关蚂蚁等小虫子的观察笔记,小区里各种树木的观察笔记,有关四季雨雪的观察笔记,有关小区门卫的观察笔记,有关快车司机的观察笔记,有关快递员的观察笔记……它们,都是我准备做饭的"米"。

风声雨声读书声声声入耳,
家事国事天下事事事关心。

这是东林书院的对联,我特别喜欢其中的八个字:"声声入耳""事事关心"。我们要写好作文,要不想做"无米之炊",那就得睁开眼睛,竖起耳朵,声声入耳,事事关心,仔细编制观察之网,再加上我们手中那爱写作文的笔,就一定能写出属于我们的"武松打虎"。

　　加油!

不喜欢的书，也要写篇读后感吗？

小先生：

你好！

昨天是关于期中考试成绩的家长会，是妈妈去开的。班主任说了，提高语文成绩的秘密就在于多读书。家长会后，妈妈直接去了市图书馆。妈妈借了3本她认为我必读的书。妈妈说她过去对我的阅读抓得太松了。她指着她借过来的3本书说，给你一个选择题，要不做一个思维导图，要不写一篇500字的读后感。

妈妈借过来的3本书中，有本最难读的外国长篇小说，名字我就不说了。为了这本长篇小说，我和妈妈狠狠吵了一架。我的意思是能不能换一本书？它真的非常难读，思维导图肯定做不成的。妈妈问我，考试时试卷能让考生随便换吗？妈妈还说，她当年特别喜欢这本书,读的时候很感动,泪水都流了好几次。接着,我就把书放到妈妈面前,让她立即流泪给我看,流出来我就写读后感,妈妈更生气了。

  为了不让妈妈继续生气,我只好答应写读后感。可捧起了那本书,还是读不下去,100个字的读后感也挤不出来。

  我该怎么办?

  祝你身体健康、工作顺利!

长袜子QQ

2023年12月3日

长袜子QQ：

你好！

家长去学校开家长会，很多同学是猜得出家长会结果的，当然也有同学是猜不出来的，就像猜盲盒……如果妈妈借回来的是那本《长袜子皮皮》，那该多好。

我也喜欢那个童话里的皮皮，喜欢没人管得了的皮皮，想上学就上学的皮皮，不想上学就不上的皮皮。童话里的皮皮会武功，能干，聪明，善良。偏偏生活与童话不一样，我们在现实中，得做学校的学生，得做妈妈的女儿，要上学，要阅读，要写让我们头皮发麻的读后感。

读后感并非只有常见的作文形式。我的经验是，只要动了笔 —— 在阅读的时候动笔，抄或者写，空白的纸上有了字，那就是写读后感 —— 写下了，抄下了，就是有阅读，就是有思考，有感想，有收获了。

有句话是这样说的，少年情怀总是诗。师范二年级，我狂热地爱上了写诗。那时候，每天都有无数团诗歌的火焰在我的头脑中噼啪燃烧，但每天同时又有无数阵自卑的雨水将这些火焰浇灭。爱写诗的狂热与不会写诗的痛苦纠缠在一起。为了解决这样的纠缠，也为了给那种狂热找到一条出路，我每个晚上都泡在图书馆抄报刊上的诗。我是想通过抄别人的诗，练习模仿写诗。

那时图书馆，不像现在是桌子加椅子，而是桌子加长凳，一般来说，一条长凳上可坐两个同学。就在一天晚上，与我坐在一条凳子上的同学放下手中的书，推了推微微颤抖的我，悄悄问我为什么颤抖个不停。我知道我在颤抖，我也知道我为什么颤抖，但是我不能告诉这个同学，我说了一个很正常的理由：冷。

因为寒冷而颤抖的理由是容易说得通的。位于长江下游的扬州的冬天，到处都是钻到人骨头缝里的寒冷。其实门窗关闭的图书馆，也不会寒冷到颤抖不已。我是抄到了一首像闪电一样的好诗，我不能不颤抖，我被"闪电"击中了，我好像打开了一直没有打开的诗歌大门！

第 二 阶

……我拉起窗帘/夜急速而降/赶来为我缝制一袭黑衫/母亲/我真的不曾哭泣/只痴痴地望着一面镜子/望着/镜面上悬着的/泪滴/三十年后才流到唇边/我垂首无言/如大风过后偃伏的蓟草/默念着你——/母亲……

这首像"闪电"的长诗叫《血的再版》,是台湾诗人洛夫悼念亡母的长诗。被"闪电"击中之后,我满心喜悦地出了图书馆,抹掉清水鼻涕,仰头看夜空,扬州城的夜空里全是星星,全是钻石。

抄书的时候,手到,眼到,心动。注意力高度集中加上求知若渴的心态,抄写下来的内容"消化"得特别快。每当抄写到与自己生命相契合的好文字,我会继续"颤抖"——那些字里行间的交流,就像是一对知己的交流。就这样,在很多很多秘密的"颤抖"中,我一步步前行。后来,我去了乡村学校教书,夜晚的时间同样用于抄书。夏天抄书,汗流浃背,蚊虫叮咬,点起蚊香抄书。相比夏天，我特别害怕冬天，每次抄完了喜欢的好书，全身冰凉，爬到被窝里，半夜也暖不过来。但抄到的好书，就像是捡到了稀世之宝。抄写完的第二天，我会再次翻看，再抄一遍，然后继续被"闪电"击中，继续"颤抖"。

我抄写过的诗歌不计其数。我抄写过一本小说《瓦尔登湖》。书柜里也有一本，读起来总觉得语言不怎么顺畅，而徐迟翻译的《瓦尔登湖》实在太棒了，而这个版本的书恰恰是别人的，我只有使劲抄写，抄写了半个月，终于抄完，也理清了徐迟的语言为什么这样好，因为徐迟本来就是个优秀的诗人。还有苇岸的《大地上的事情》，我读了不下100遍，还是觉得意犹未尽，开始抄写。这么多年，我整本书抄完的，还有圣·埃克苏佩里的《小王子》，范用先生的《我爱穆源》。

一目十行下，

或吞囫囵枣；

一字莫遁逃，

第二阶

还是抄书好。

这是叶圣陶推崇的《抄书》。抄书，是语文阅读和成长的笨功夫和真功夫。抄书的确很笨，笨极了。抄书的确很苦，苦极了。但抄书的确很甜，甜极了。抄书是公认的语文自学好方式，我们开始可以依葫芦画瓢般地机械抄写，再后来，我们可以一边抄写一边写下想法，这样上升为一种无声的对谈，抄写和被抄写者的互动与默契，是这个世上最美妙的互动和默契。

抄写之后，还是停留在纸上谈兵。要摆脱纸上谈兵，就得进入仿写。踩着前人的脚印向前走，我们会走得很远，我们也会走出自己的新路。如果说抄写是把好书盛到碗里来，那么仿写就是把盛到碗里来的好书嚼下去消化，成为自己生命的一部分，这是更高形式的读后感。

最近，我刚搬了房子，楼上邻居是我的书迷，少年小北是小学五年级的男孩，特别喜欢《小先生》。他跟我说了他的苦恼，作文总是不能达到一类的分数。

小先生的作文课

我拾起了当年做小先生时的教学方式。当年我总是把《瓦尔登湖》《大地上的事情》《小王子》里的好段落抄写给学生们,让学生们根据这些好句子仿写。抄写+仿写。这样的作文教育方式很实用,一段时间实践之后,很多同学的作文有了起色。

一个星期后,小北同学摘抄完了《小先生》中他喜欢的句子。接着,我又让小北同学根据他喜欢的句子仿写。等到小北给我交作业的时候,他说话的嗓音里,全是征服山峰登顶成功般的喜悦。我熟悉这样的喜悦,这是被"闪电"击中的喜悦,也是语文收获的喜悦。

下面,是小北的关于《小先生》抄写和仿写作业:

1. 摘:夜访回来,草上已经有露水了,月光下我谢绝我学生的送行,怀着一颗喜悦的心在田埂上走着,身边有蛙鸣,有油蛉子的叫,有蛇叫,有逛来逛去的萤火虫,月华如水,我不时仰头看月,月亮素面朝向人间,这是一位未语先笑的佳人啊!

——《我听见了月亮的笑声》

第二阶

仿：早晨阳光正好，草尖常有露珠相伴，阳光下，我告别了妈妈，独自一人出门晨跑，怀着一颗炙热的心，慢跑在跑道上，身边时有交流声，时有虫鸣，时有落叶归根的呼声。风从耳边吹过，无比清凉，湛蓝的天空衬托着明媚的阳光，显得无比柔和。显然，此时万物都在顷刻间融为一体。

2.摘：我回头再看一看那个玩蚂蚁的学生，那个学生已经不见了。他玩的那个塑料瓶盖还在，他的那个卷了角的作文本也在，上面有他写的自己的名字，那两个字的笔画都局促地挤在一起，就像他玩的那两只蚂蚁。

——《眨眼睛的豌豆花》

仿：我扭头看了一下小唐，只见小唐脸色一变，眼睛紧紧地盯着小谢的方向。小谢很奇怪，用唇语悄悄地问："看什么呢？"只见小唐用手指了指小谢身后的小陆，小谢回头一看，小陆正用一根长长的吸管，偷喝茶π饮料，像一个正在进食的小兽。

3. 摘：哨声很响，有点像燕子，像黄雀，像叫天子，或者什么也不像，反正他们吹的都是少年的心事。

——《泥哨悠扬》

仿：叫声很响，像是在唱歌的座头鲸，像是喊宝宝回家的虎鲸，像是教宝宝捕猎的抹香鲸，或者什么都不像，反正，他们所有的声音都是大海的歌曲。

4. 摘：孩子们和我不一样，他们把这草垛命名为"山"。开始我听他们说"上山去"我还不明白，后来才明白，这是孩子的创造力，是平原上的孩子对于山的渴望。有次我看到鲜红的太阳从打谷场上的草垛间升起时，我也觉得这太阳不是从草垛间升起的，而真的是从群山中升起来的，洒满阳光的草垛仿佛是一座金山。

——《沿着草垛往下滑》

仿：弟弟的看法和我不一样，他把这个小窝

命名为"秘密基地"。开始我还非常疑惑,这个所谓的"秘密基地"有什么好的,还不如在客厅看看电视,吃吃零食,直到后来才明白,这是弟弟的想象力,而"秘密基地"是对他想象力的检验。一次吃完午饭,弟弟溜进房间,不知要干啥,出于好奇,我偷偷"跟踪"。来到房间探出脑袋一看,此时的课桌下,已有了一片"天地"。别看地方小,该有的都有了,弟弟看到我,红着脸也让我进去,我也接受了他的邀请。阳光透过窗户落在弟弟的脸上,落在他纯真的童趣上。

5. 摘:泥哨的声音就像高空中的苍鹰在啸——在上学前、放学后,我常听见泥哨悠扬,把我的心吹得像一只风筝似的,在这寂寞而又趣味无限的乡村上空飞过。

——《泥哨悠扬》

仿:小时候的炮竹声像捶响了乐鼓——每到大年初一,我听见炮竹炸响,把我的心炸成了一朵花儿似的，在这热闹而又欢快的时候绽放。

6. 摘：写字课上，一只愣头愣脑的麻雀忽然撞进了我们教室，像睡眼惺忪的学生走错了教室。本来很安静的孩子们的心一下子都像那只麻雀一样乱飞了。

——《撞进教室的麻雀》

仿：英语课上，一只小小的蜜蜂闯进了我们的教室，像飞机群的侦察机在风扇间徘徊。本来安静的孩子们的心一下子都像追着那只小飞机一样乱飞了。

7. 摘：打球最好的季节是在春雨过后，油菜花盛开的时候。天气晴朗，油菜花的光芒将我们都映射得容光焕发。打球的我们像一只只大蜜蜂，学生们则像一只只小蜜蜂，油菜花的光芒和芳香都躲到了我们额头上的汗珠里。

——《跑吧，金兔子！》

第二阶

仿：野餐最好的季节是在暖风拂面的春天，小草刚刚萌发。空气清新，草叶淡淡的香味格外的神清气爽。野餐的我们像一只只自由飞舞的蝴蝶，家长则像停在草叶上的大蝴蝶，小草的清香弥漫在我们四周的空气里。

8.摘：只有那些鸟儿，它们当仁不让地成了乡村小学的旁听生和借读生。清晨也来上早读课，不过它们的纪律不太好。每天晚上学生们都放学了，它们理所当然就成了住校生。叽叽叽地上晚自习，久久也不能安静下来。有时们候它们也会闯进教室里来，从南边的窗户进来，又从北面的窗户飞出去。

——《鸟粪处处》

仿：只有那些小鸡仔们，它们当仁不让地成了网课中的旁听生和指导人。中午也来指导写作业。不过它们脾气不太好，每当你不按它指导的做，便会一言不合地啄上一口。等到了晚上，都不继续学习了,它们也会叽叽叽地发表抗议,一刻也闲不下来。有时候它们也会跑进房间里,想指挥你去学习。

9. 摘:下了课,我发现很多学生都在操场上学习我上课时掷飞机的姿势——向上,75度。纸飞机款款地飞,刹那间,我们的校园仿佛是一座繁荣的航空港。

——《纸飞机飞啊飞》

仿:到了外面,我发现有些伙伴在空地上学习我无意间弹弹珠的姿势——向上,手指圆,弹珠缓缓地滚,刹那间,我所在的空地仿佛是任由弹珠奔跑比赛的场地。

10. 摘:在此之后的某一天,我居然梦见一对丹顶鹤飞过我们学校上空,悠悠的,好像它们不动,而我的乡村学校在动,我还清晰地听到了鹤鸣。丹顶鹤的丹红之顶,就像一粒饱满的草莓,

第二阶

或者就像是从清晨带来的朝霞。是鹤,不经意间让我的内心空旷了许多。

——《编外学生记》

仿:在此之后的某一天,我居然梦见一对老虎在草坪上行走,慢慢的,好像它们不跑,而我们的草坪在跑,我还清楚地听到虎啸。老虎头顶的那个王字,像是森林之王独有的王冠,也像一件震撼一切的武器。是虎,不经意间让我的内心充实了许多。

从现在开始,翻开每一本好书,我们都为这本好书准备一个属于自己的摘抄笔记本,每一页的上半截用于抄写,抄写自己喜欢的词语,抄写自己喜欢的句子,抄写自己喜欢的段落,下半截则用于仿写,不要怕仿写失败。抄写式的读后感算是跟着人家走路,仿写式的读后感就是自己走路。跌几个跟头不要紧,多跌倒几次就不会跌跟头了,不但会走路,而且很快就会奔跑的。

我还有一个摘抄的"秘籍":分类摘抄。比如写江湖河海的一类,写日月星辰的一类,写种种心情的一类,写人物外貌的一类,各种妙喻集锦……然后再跟着仿写,这样的仿写就像运动员的强化训练,效果也相当不错。

天下难事,必作于易。用最容易做的"抄写"开门,跨越比较容易做到的"仿写",就能唤出我们内心原有的作文自信和灵气。到那时,能够独自开山劈路的我们,就是作文森林里一只只自信而从容的小老虎了。

加油!

第三阶

从作文类型到结构，小先生为你准备了"细节金币"和"无敌三角形"，还不快来瞧瞧？

我被困在写景作文里了

小先生：

你好！

你为什么那么喜欢晚饭花呢？

"本来是两种，一是黄色，一是红色，但开着开着，就出现了奇迹。有些晚饭花一半是红瓣，一半是黄瓣；有些晚饭花瓣四分之三是红色，而只有四分之一是黄色，或者相反；有些晚饭花一枝上是黄色，另一枝上却是红色……"

还有，那篇《穿白球鞋的树与调皮的雪》，你为什么能够写出树们在"手拉手"，还有那些"穿着白球鞋跑步的树"？！

很多时候，写人写事，我写得很流畅，一写到风景，我就不行了。风景的确如画，偏偏笔下乏力，我

小先生的作文课

被困在写景作文里了。有一次,老师让我们写《校园风景》,别人都能轻松写出三页以上,可我绞尽脑汁也仅仅勉强挤出两页半。看到别人拿到 98 分、96 分的作文,我满心羡慕,为什么我写不好风景和游记呢?

上周,我做完了作业,带小狗多多出门散步,突然就见到了骑自行车的你。多多还汪了你一声,你停下车,也对着它汪了一声,可我把乐坏了。多多也知道你是一个喜欢狗狗的作家。

多想再次见到你!

此致

敬礼!

另一个多多
2023 年 12 月 10 日

另一个多多:

你好!

我把信来回读了三遍,也没有找到我想要找到的那个词。

> 你站在桥上看风景,
>
> 看风景人在楼上看你。

这是1935年,作为济南中学英语老师的卞之琳写下的《断章》。很多时候,我们看风景的时候,又成了别人的风景,就像我在看街景,又被你和多多看成了风景。

信中缺少的关键词就是"看"。

风景一直在那里,它们要进入我们的作文,首先得有"看",看风景,接着是记风景,再后来才是写风景。

> 两个黄鹂鸣翠柳,

小先生的作文课

一行白鹭上青天。

窗含西岭千秋雪，

门泊东吴万里船。

　　这是诗人杜甫写风景的《绝句》。杜甫真的会看，眼睛里就有大美术家的专业画家之"看"。杜甫首先带着我们"看"到了空中的两个点：两个黄鹂鸟。接着带着我们"看"到了一条生动的美学之线条：一行上了青天的白鹭。再接着就是一幅有纵深的面：含着西岭千秋雪的窗子。训练了我们目光里的点线面之后，杜甫又带着我们"看"到阔大的空间，江面上一只被万里风浪拍打过的现在安静下来的东吴船。

　　看风景→记风景→写风景。

　　"看风景"是最重要的，需要我们拥有一双会"看"的眼睛，拥有好奇心的眼睛，好风景一直在那，如果我们没有"看"，它们就是一直处于不被看见的"黑暗"中，而要看见它们，就得随时随地按亮"好奇心"这支美学手电筒。

第 三 阶

扬州瘦西湖公园里有个叫"钓鱼台"的景区。钓鱼台不大，位于瘦西湖的湖心，四壁皆是门，三面门是满月洞门，南面门是个椭圆洞门。奇妙就在这个正圆和椭圆。那个正圆的洞门，内衔湖对面的五亭桥；椭圆的洞门，内含湖对岸的白塔。我们都知道的，五亭桥和白塔，就是瘦西湖公园的两个标志，也是扬州的两个标志，而钓鱼台奇妙地同时"看见"了五亭桥和白塔。

这样的"看见"才是"看风景"，用最奇妙的角度，在同一个时空里"看见"了最好的风景，也为扬州"写下"了最好的风景。

  铁喇叭响的时候，小丝瓜们一个一个地排在广播线上晃来晃去，也像在做操前的"原地踏着踏"（即原地踏步）。一二三四，二二三四，三二三四……做得东倒西歪的。

  到了九点三十分，铁喇叭不叫了，而那些丝瓜们仍在调皮地"原地踏着踏"。

这里就有一座隐形的"钓鱼台",通过那个圆形的洞门"看见"学生在做操,再通过那个椭圆形的洞门"看见"了铁丝上做操的丝瓜们。

每当有飞机云出现在天空中的时候,他会躺在草地上,仰看那一道伸向远方的飞机云。

有时候,飞机云会被太阳映照得透亮,就像玉蜻蜓的翅膀。

有时候,飞机云会被晚霞映照得通红,就像红蜻蜓的翅膀。

有时候,飞机云既没有被太阳照亮,也没有被晚霞照亮,而是慢慢地散开了,就像他的满脑子的忧伤。

天上的飞机看到他,像不像蜻蜓看到地上的蚂蚁?

一想到这个问题,他就很难受。

说不出的难受。

第三阶

于是,他又去池塘边张开双臂模拟蜻蜓模拟飞机。

他既不像蜻蜓,也不像飞机。

有一只飞过池塘的黑蜻蜓,把尾巴轻轻在水面上一点,平静的池塘上全是越来越大的水圈圈。不一会儿,满池塘的云就被碎开了。

这里同样有一座隐形的"钓鱼台"。这个"钓鱼台"就是那块童年的小池塘。池塘的上空有云,有太阳,有蜻蜓。池塘的反光里,也有飞机云,有蜻蜓,还有那口平静又不平静的池塘。远近虚实之间,那个被蜻蜓欺负的孩子"看见"了池塘,池塘也同时"看见"了这个被蜻蜓欺负的孩子。

"世界那么大,我想去看看。"是的,世界很大很大,好风景很多很多,打卡网红景点,拍照片,买纪念品,但还是带不走我们喜欢的泰山日出南海潮声,还有云南天空中的奇幻的云彩。但我们可以一直记住它们,从学会"看风景"到学会"记风景"。

人小景大,意境深化。

这是拍风景照的八字方针,人小,景大,方便显示风景的空间,也能在一幅照片里带走更多的好景。别看这个小小的人,有了他,风景就有了作文的好元素,很多故事,更多内涵,一句话,把"我"融入风景之中,方能带走风景,带走属于"我"的好风景。

如果实在没有"我"呢?那就创造一个"我"在好风景里。

墙上有一幅非常漂亮的黄山美景图,我们走过来走过去,久而久之,我们"看"熟了这幅画上的风景,但我们还是"记"不住——某天心血来潮,我们在这幅黄山美景图的迎客松下,用铅笔悄悄画了一个小狗,就是那个跟我一起"汪"过的小狗多多。

画了小狗多多之后,我们肯定能"记"住黄山美景,因为那个远方的黄山与我们的生活有了关联,与我们的生命有了关联。不仅有了关联,还有了默契,有了呼应,有了心照不宣的秘密,黄山就这样被我们记住了,被我们带走了。

第三阶

衙斋卧听萧萧竹,

疑是民间疾苦声。

些小吾曹州县吏,

一枝一叶总关情。

这是郑板桥先生的诗,写到了风景,但更多的是人心。写到了风吹过竹林的声音,但了不起的是郑板桥先生的真情和深情。

从"看风景"到"记风景",最后一定要落实到"写风景"上。为什么我们会困在风景作文里,是因为我们缺少了风景作文中的核心点:"一枝一叶总关情"。

带着小狗出门散步的人都知道,小狗见了树,见了车轮,见了新的路,都会抬起腿,留下属于它的"记号",有味道的"记号"。这是小狗占据属于自己领地的行为,也等于写风景需要的"总关情"。

此时正如一个新入校的学生焦急地等待。我

仿佛忆起了我的十八岁，我和我的十八岁走进了乡村学校……乡村的寂寞，寂寞中的坚持，我们热爱的书本与诗歌，停电的时候满鼻子的劣质烛油味儿……只一恍惚，环绕在学校各个角落里的晚饭花好像都不见了，或许你没有注意它们，它们在我们最软弱的时候齐约好了开花——像校园里的钟声一齐响了。现在我身体中的某些东西一下子冲出身体的教室，头也不回地走了，走到了草丛深处。我惊讶地看着那些红的黄的像小鸡嘴一样张开的晚饭花，它的清香不断地涌出，令我不由打了个兴奋的寒噤。

我不知道写过多少次有关晚饭花的风景，那是老教师们播种的晚饭花，我看过它们，也记住了它们。朋友们都知道我喜欢晚饭花，经常和我讨论晚饭花。北京的朋友告诉我，他们那里叫晚饭花为"地雷花"：晚饭花的果实就像小小的地雷，是不是和童年的战争游戏有关？山西的朋友叫它"考试花"：每当它开得最

第三阶

盛的时候,升学考试就要到来了。有了考试,故事就更多了,有轻喜剧,也有悲喜剧。福建海边的朋友叫它为"潮来花",他们认为,是晚饭花唤来了大海的潮汐:一边是大大的海,一边是小小的晚饭花。山东的朋友叫它为"烧汤花"和"洗澡花":每当晚饭花开了,大家就需要洗澡了。正在外面和小伙伴游戏,突然被妈妈抓回去"洗澡"或者给全家烧"汤"(洗澡水)了,是不是很沮丧很失望?"汤",是古人对于洗澡水的叫法,山东人还沿用了这个古名。当然,也有直接叫晚饭花为"五点半"的,这是有了钟表时代的叫法。没有钟表的时代,五点半属于"酉时"。我用持续的关注和热爱"记"晚饭花,也在"记"的深度和广度中"写"出了晚饭花。

  每天清晨,勤奋的值日生会扫到很多从树上摔下去的叶子,扫完之后,一条光滑而干净的土路就露了出来。许多鸟粪的痕迹也露了出来,淡白、淡灰、淡青色的鸟粪的痕迹就画在地上了,就像孩子们用粉笔头在地上画的粉笔画。不过，这些不讲卫生不守纪律的鸟儿也是很聪明的，待下课的钟声一响，它们会从树枝上识趣地飞到教室的屋顶上，看着我的学生们像鸟一样在树影中蹿或者飞。

鸟是校园里的鸟，不讲卫生不守纪律的鸟，和勤劳的守纪律的学生们一起，构成了粉笔画般鸟粪遍地的校园风景。

学校里的树长得很杂，好像一群长相不同的学生，有苦楝，有榆树，有合欢树，有野核桃树，还有高高大大的元宝树。它们手拉手的，做了学校的围墙。

没有围墙的校园里，杂树做的围墙，还成了陪同孩子一起成长的"树人"了。

第 三 阶

每当叶落时节,值日生的任务就非常地重,他们每天扫过一层落叶,又要扫一层落叶。一堂课下来,刚扫净的地上又是金黄的一层。高粱秸秆做的扫帚都扫秃了,这一学年的第一学期下来总比第二学期"费"扫帚,这其实就是因为秋天。

秋天有落叶,值日生要扫落叶,有了秃扫帚这个"总关情"的词,秋天的校园就永远是一幅天天向上的好油画。

孩子们都说树"穿上白球鞋"了,有时夜里我出来散步,我觉得全校园的树都穿着白球鞋站在我身边。是不是它们刚系好了鞋带准备跑步?或者已跑了一阵看到我出来,就停住不跑了?

穿上"白球鞋"的树本来都在黑暗之中,因为被散步的我"看见"了,它们就全部被"白球鞋"这支"手电筒"照亮了,同时被"照亮"的还有树木"跑步"的好风景。因为一枝一叶总关情,属于我们写好风景的多情"手电筒"遍地都是——

比如,我们跑步时操场的香樟大树旁的默默加油的地锦们。

比如,楼梯旁小图书角那些被穿堂风翻开了几页的绘本们。

比如,"连接"楼道的一条窄窄长廊上静静等待主人的瓢虫发夹。

比如,教室墙壁的"排行榜"上的那颗像太阳的红五星……

处处留心,时时看见。多一次看见,就多一次记住,也会多一篇好作文。养成"一枝一叶总关情"的好习惯之后,我们就会发现,原来被困在风景作文里的自己,满眼都会是"关情"的好风景。

祝你开心,也代我祝多多开心!

猜猜我是谁：人物作文的迷途

小先生：

你好！

《一朵急脾气的粉笔花》里的同学很像我们班里的同学，他们虽然不抢着擦黑板，但喜欢抢着打扫讲台那一小块地方，因为总能捡到好些粉笔头。不过，我的同学们不像故事中的孩子喜欢拿它们绘画，他们用来雕塑。他们喜欢把粉笔捣碎，再和上水揉成粉笔团，捏成他们想要的各种奇奇怪怪的样子。然后悄悄放在桌洞里，时不时偷偷观摩，心里乐滋滋的。

这次作文课，我狠狠地失败了。老师给我们布置了一个作文《猜猜他是谁》。要求我们写作文的时候，被书写的人物不能写他的名字。作文交上去之后，老师花了一节课的时间，给大家展示了十篇作文，你能想象到吗？有九篇都被同学们猜出了被写的对象，唯独我的这篇，同学们就是猜不出来他是谁，有人还猜"这个他"是其他班的同学……

我写的是我们班的学习委员，她学习好，是班主任的好助手，是我学习的榜样，为了写好她，我几乎用上了我所知道的所有好词好句，可还是被误解了。

你能帮帮我吗？

此致

敬礼！

苦恼的雪人
2023年12月23日

苦恼的雪人：

你好！

信中说到了"狠狠地失败"，吓了我一跳。这哪里算是"失败"呢？更谈不上什么"狠狠地失败"。最多算是一次小失败，而每一次小失败之后，我们都会离成功更近一步的。

我写过系列小说《神童左右左》，在那三部曲里，我虚构了一个叫"左右左"的男孩。谁能想到，刚刚搬了新家的第二天，我就在电梯里遇到了"左右左"！准确地说，遇到一对名叫左左和右右的双胞胎男孩。

我家住九楼，他们家住十一楼。

再后来，我们越来越熟悉。五岁的左左和右右开始"捉弄"我，每天都给我出题目：

——猜猜我是谁？

谁是左左？谁是右右？同卵双胞胎拥有极为相似的外貌和DNA。我总是搞错，我叫的是左左，答应我的却是右右。再后来，还是他们的外公给我解决了难题，左左和右右的头顶发旋是不同的，左左的发旋在头顶，右右的发旋在后脑勺。

原来还是有区别的。之所以辨认不清，是我没能准确地找到他们的区别，就像作文中已经尽力写了但没准确写出学习委员的特征。

是的，准确！

"准确"这个词，看上去很简单，做起来非常难。

达·芬奇的老师让他画鸡蛋，画了一个又一个。为什么必须这样画，因为即便是同一个母鸡生下的鸡蛋，也是不一样的，同一只鸡蛋，置放在不同光线下，也是不一样的。老师让达·芬奇画了那么多鸡蛋，就是让他尽力做到"准确"。

我们从小到大，学习了那么多课文，练习了那么多的作文，有一个目的，是为了培养我们的表达。如果要求更高一点，应该是：准确地表达。

很多时候，我们是做不到的。做不到，那就得继续积累阅读，积累词语，积累观察，再反复训练，反复"写生"，反复"画鸡蛋"，直到能够"准确地表达"。

第三阶

……很多孩子都喜欢偷偷去打钟,经常可以看到星期天或放了学的傍晚,一个少年正努力地踮起脚尖,一下,当;又一下,当当当。钟声悠扬,一下子穿透了乡村学校的寂静。有一次,我看到一个偷偷打钟的少年,他敲了一会儿,不知道为什么,后来他就敲得急促起来,当当当,当当当当——之后,他就松开钟绳,飞快地溜走了,还差一点摔了个跟头,像一只从夏日草丛中蹿出来的兔子,估计他害怕了。我还看到过一个农民偷偷踅进我们学校,拿起钟绳轻轻地拽了一下,当——钟声令这个农民禁不住哆嗦了一下。

像老师一样,去偷偷敲响挂在榆树上的铜钟,这对于孩子是诱惑,对于一个农民也是诱惑。为了写出他们偷偷打钟的场景,我还是"画作文",画了铜钟,钟绳,榆树下踮着脚尖的少年,还有一个偷偷走进学校的农民。其中,偷偷打钟的少年的脸是我的脸。偷偷打钟的农民的脸也是我的脸。我代入了那个少年,才能找到文章中少年的慌张。我代入了那个农民，才能找到文章中农民的哆嗦。这些"哆嗦"和"慌张"也不是虚构的，而是通过观察得来的。我遇到过好多个偷偷打钟的少年，也遇到过好几个偷偷打钟的农民。也只有抓住了"少年的慌张"和"农民的哆嗦"，"准确地表达"才能成立。

不准确，是无谓的消耗，也是很可惜的浪费。记得《小虫子》写到三万字左右的时候，我写不下去了。写不下去，不是因为没有素材，而是写作轨道很不"准确"。已完成的三万字，好像一碗"夹生饭"，可能是"水"少了，可能是"米"多了，也有可能就是"火候"没到，反正我遭遇到了因为"不准确"造成的"小失败"。

我停了笔，把那三万字删除了。删得干干净净。删除得很痛快，但删除完了，面对电脑显示的空白，还是很心疼的，缺氧般的懊悔和心疼，为什么我不能做到理想的准确呢？

等待是有收获的。有天下午，我在阅读和抄写的

过程中,摘抄到了昆虫的五大自卫本领。

1. 保护色。地球上最多的颜色是绿色,而昆虫大多数是绿色的。

2. 警戒色。有的昆虫拥有艳丽颜色是为了警戒的,比如丽绿刺蛾。

3. 模仿色。有的昆虫能模仿环境的颜色,比如枯叶蝶。

4. 炸弹。有的昆虫为了反抗天敌,能释放"毒屁"炸弹,比如蝽象。

5. 装死。有的昆虫为了迷惑天敌,常常装死,比如瓢虫。

说来很奇妙,抄写完"昆虫的五大自卫本领"的我,就像一个被困在重感冒鼻塞中的人,感冒突然痊愈了,堵塞的鼻子通了。我吸到准确的"氧气"了。我就是那些拥有五大自卫本领的小虫子,就是那些凭这五大自卫本领对抗整个世界的小虫子。

小先生的作文课

我们老师布置的作文《猜猜他是谁》，目的清晰，就是为了训练我们的同学，学会做到"准确地表达"。

生活中千人千面，万人万相。有人明朗，有人忧郁，有人外向，有人内敛。这个世界上，每个人都是独一无二的。好词好句并不适合我们的学习委员。

如果我们仔细观察，可以看出学习委员明明长得像她爸爸，但她坚持说她长得像她妈妈。但，这个外貌的差异性还不足够写好学习委员。

我们还可以继续观察，学习委员的脾气很急，还特别喜欢说冷笑话。这个差异性是有特点的，但依旧不足够准确写出我们的学习委员。

再继续总结，学习委员喜欢打篮球，还为抢球磕坏了一颗牙齿。——这些细节是有用的，还是不够。但我们已经慢慢看清楚学习委员了，她像一个小大人，说话既喜欢用格言，又喜欢模仿班主任的口气，还是班主任的好助手。总结到了这里，我们就找到学习委员的形象了："小大人"！

"小大人"样的学习委员，与我们相处的时候肯定

第三阶

是有故事的。"小大人"看我们同学,同学们看"小大人",肯定是不一样的。偏偏"小大人"又不是大人,我们的学习委员在遇到困难和挫折的时候,也会像其他孩子一样,忍不住抹眼泪。说到流泪,我们都知道,林黛玉和刘姥姥的笑声是不一样的,林黛玉和刘姥姥流眼泪的样子也是不同的。学习委员的笑声和我们的笑声是不一样的,学习委员抹眼泪的样子和我们流眼泪也是不一样的。

可凭笑声猜人,可凭泪珠猜人……准确地表达,就能准确猜中,成为速写出人物形象的作文妙手。

加油!

"老掉牙"？储蓄细节金币

小先生：

你好！

最近，我们老师给我们"好书领读"，老师领读的是你的《小先生》，这本书里的文字仿佛有一股神奇的力量，总是拉扯着我们入迷。

"他开始咬手里的铅笔，像咬着一块糖似的。我是在自习课上发现他在咬铅笔，我对他说铅笔上的漆皮有害，不能咬铅笔，他顺从地放下了，可我过一会儿再看，他又咬住了铅笔。我走到他的面前，取起他的文具盒——文具盒里的铅笔头全是他的牙齿咬的凹痕。"

我们老师读完《笔头上的牙痕》，同学们都哭了。老师问我们为什么哭，我们都说这个失去父母的男孩

太让人心疼了。老师说这就是"细节金币"的能量，《小先生》里的"细节金币"比比皆是。

老师带着同学们一起寻找《小先生》里的好细节。老师说得不错，《小先生》里的"细节金币"比比皆是，让我们目不暇接。接着老师批评我们中有的同学写的作文真的是既"老掉牙"又无趣。我知道老师说的那个"有的同学"就是我，可我该从哪里找到"细节金币"呢？

　　此致
敬礼！

小蜗不是牛
2023年12月24日

小蜗不是牛:

你好!

我们的老师把"细节"比喻成"金币",实在太形象了。

……我温了酒,端出去,放在门槛上。他从破衣袋里摸出四文大钱,放在我手里,见他满手是泥,原来他便用这手走来的。不一会,他喝完酒,便又在旁人的说笑声中,坐着用这手慢慢走去了。

一篇仅2573字的《孔乙己》,"细节金币"遍布了字里行间。每当读到孔乙己伸开五指,将有茴香豆的碟子罩住,摇头说:"不多不多,多乎哉?不多也。"我也总是忍不住跟着摇头。当孔乙己从破口袋里,摸出四文大钱,努力盖住茴香豆碟子的手已"满手是泥",还"坐着用这手慢慢走去了"。我心中全是一阵阵叹息,叹孔乙己,也叹命运。

第 三 阶

鲁迅先生太杰出了。如果用"细节金币"来给作家们排富豪榜的话，鲁迅先生肯定高居首位。如果用"细节金币"作为子弹的话，鲁迅先生的每靶都是满满的十环。

但很多时候，我们是发现不了"细节金币"，"细节金币"也不会主动向我们招手：

——喂喂喂，我们在这里呢！

有一个反扒高手，也就是抓小偷的高手。只要环视一圈，就能把隐藏的小偷"挖"出来了。因为他只要到了人群中，反扒职业模式启动，他的火眼金睛就自动进入了"搜索模式"。

——怎么搜索呢？

一看眼神，二看双手。小偷混进人群，是浑水摸鱼。眼神和其他人不一样的。一般人没特别目标，小偷的两眼总是在寻找，在注视。

——注视谁？注视什么地方？小偷的眼睛会看哪里？

别人的衣兜，别人的皮包，那些相对体弱的妇女和中老年人。

—— 双手怎么看?

小偷不会靠意念偷东西,浑水摸鱼的他们和一般人不一样,他们的双手一般不会下垂,有时会搭上件衣服,有的时候拿张报纸什么的,方便他们随时出手。

反扒高手的"搜索模式"其实并不是天生的,而是有过长期的细节积累,反扒高手的记忆银行里储蓄的全是有关小偷的"细节金币"。

好作文的书写,同样需要记忆银行的储蓄。

《小先生》属于"零存整取",一个个故事,一个个细节金币,一天天储存起来,从1个故事,到400多个故事;从1个字到56万字。刚开始"零存"的时候,我还是个"穷人",到了整取的时候,我感觉我成了小"富翁"。

  有一次我看见两个低年级的学生各持了半截砖头在领操台边打乒乓球,砖砌的领操台上画了一道白线,橘黄色的乒乓球在两截半砖之间得意

第 三 阶

地飞来飞去,像一只黄雀在飞。半截砖头握在小手里还是很沉的,乒乓球总是不时地滚到草丛中去。那满头是汗的孩子弯腰捡乒乓球的样子,真像在草丛中努力寻找着鸟蛋似的。

如果不是当时及时记在备课笔记的反面,两个孩子用半截砖头做球拍的细节就会忘了。

所以雨靴反而适合于土路。看来校长穿雨靴还是穿得理直气壮的,既然穿得理直气壮,别人怎么看也就无所谓了。他心安理得地穿着后摆有点吊的西装,蹬着粘着烂泥的雨靴到乡里或进城办事。回来时他乐呵呵的,似乎没少了什么,实际上雨靴上已少了许多烂泥,而原先黑色的泥渍变成白色的泥斑,像踩了一脚的雪。

雨靴和泥地的细节,当时记下的时候,并不觉得它有多么珍贵。等到我写作《小先生》的时候,交通已有了大发展,看不到那些泥泞,也很少看到雨靴,如果没有记忆银行的储蓄,雨靴上的泥斑也会被忙碌的生活遗忘得一干二净。相比记忆,遗忘的力量实在太强大了。因为我们每天经历的大事小事太多了,丢失零钱般丢失"细节金币"也就习以为常了。

怎么存"金币"?

必须要相信笔,相信纸。我们得及时"零存整取",把看到的"细节金币"记在纸上,只要记到纸上了,"细节金币"就是我们的颗粒归仓。

> 由于县里其他学校发生了好几起意外事故,所以校长不允许学生"挤暖和"。在校长的高压和我们大呼小叫下,学生们开始"化整为零",一对一地挤——其实不是挤,而是两个人做"完全弹性碰撞",像两条龙的角力。"嘿""嘿""嘿嘿"。一声高似一声,还是有节奏的。

从笔记本的"储蓄账户"里取出这块"细节金币"

的时候，我似乎又返回到那个挤暖和的冬天了。因为被及时"储蓄"了，那些平凡的日子就从此镀上了一道珍贵的金边。

  他奶奶常在校园外等他放学，可他放学后却不管他奶奶，一个劲地往家里冲，他奶奶就一颠一颠地在后面追。奶奶追得愈凶，他就跑得愈快。

我一直没有忘记《笔头上的牙痕》这段放学细节。因为很不放心这个家里出了事的学生，就一直悄悄跟踪，一直到校外，目睹了他和他奶奶的追逐，还有这个孩子在伤痛中的默默成长。

  明月别枝惊鹊，清风半夜鸣蝉。稻花香里说丰年，听取蛙声一片。　七八个星天外，两三点雨山前。旧时茅店社林边，路转溪桥忽见。

这是辛弃疾的《西江月·夜行黄沙道中》，时间是夏日夜晚，地点是黄沙道，很平凡的月、鸟、蝉、蛙、星、雨、店、桥，因为词人赋予了诸多闪光的细节——月亮惊鹊，半夜鸣蝉，芳香稻花，涌动蛙声，七八颗星，两三点雨，拟人化的茅店，就像初见的神迹。

生活是平凡的，但平凡的生活会因为我们储蓄了"细节金币"而不凡的。我们总是觉得星星是夜晚才出现的，其实白天也是有星星的。为什么我们看不到白天的星星？那是因为我们没有完全安静下来。如果我们能够安静下来，安静如一口井水，就能看到白天的星星，就像辛弃疾一样，能够在一个很平常的夏日夜晚里看到了初见的神迹。

辛弃疾一生坎坷，奔波颠沛，征战沙场，但他从来没有忽略他遇到的"细节金币"，因为他是有心人。"细节金币"只青睐勤勉的有心人。懒惰的人，闭着眼睛的人，不会"储蓄"的人，只会不断丢失"细节金币"。

相比从战场到诗坛的辛弃疾，我们的校园故事的

第三阶

确很普通。校园生活的确很无趣。校园故事的确都是"老掉牙"的,连我们的衣服也都是统一的校服。这样普通无趣老掉牙的校服背后有没有可以寻找的"细节金币"呢?

老师表扬喜欢喊一声"宝子们";

课间的卫生间,成了"新闻发布中心";

出黑板报的时候,自己佩服的同学的名字写的是特别时尚的字体;

体育节拔河的时候,为分散对方的注意力,戴上了秘密武器 —— 头套;

……

说到校服,我们一起来找找"细节金币"吧。

男同学不喜欢穿校服,还不得不穿,调皮的男生们还是能够在自己的身上做文章的,比如:鞋子。因为从来没听说过哪个学校会配发校鞋。

穿校服的男生们,也会有一堆有关鞋子的"细节金币"。

比如,央求妈妈买新鞋子的拉锯战。

比如，为了买他心仪的鞋子，如何在家里低声下气，表现积极，努力提高自己在家里积分的故事（很多家里的孩子要消费，也是需要积累积分的）。

比如，穿上心仪的新鞋子的前一天，盼望第二天天气晴朗。全校到操场上出操，那个踢腿比平时更加卖力的男生，肯定穿上了他最心仪的新鞋子。

穿新鞋子的男生走路姿势和其他男生是不一样的，他们走得很慢，每一步都很认真，上楼的时候，他脚上的鞋子是最闪亮的，比楼道的路灯还亮。

偏偏，男生们之间的友谊加深，往往是从有意无意踩脏朋友新鞋子开始的……

"踩新鞋"的细节，就像纯金的金币。

从学校回到家中，还有一个"长"在沙发上的爸爸。

爸爸为什么会"长"在沙发上？

一是爸爸的疲惫，因为工作，因为谋生，一天的奔波之后，爸爸就喜欢"长"在沙发上。

二是因为妈妈的管束，家里所有的家务活都是妈

妈做的，爸爸插不上手，也不能插手，等到妈妈发火的时候，"长"在沙发上的爸爸会一跃而起，成为最谦卑最怕老婆的男人。

新鞋子也好，懒爸爸也罢，我们必须要将新鞋子和懒爸爸的"细节金币"储存起来，成为"细节金币"的"守财奴"。

我们会发财的。我们都会发财的。那些生动的细节，不仅是能让我们"发财"的金币，还是好作文的高能电池。

有了好细节这个高能电池，我们的作文就能被高能电池带动了，我们的作文火车就能奔驰在作文本的格子轨道上了。

加油！

无敌三角形：三个角的神奇魔力

小先生：

你好！

我想跟你说说写作文的困惑与苦恼。每到写作文，我会不由自主变成了葫芦娃中的水娃，要喝水，喝水，不停地上厕所。奶奶怀疑我们学校食堂的厨师在午餐里多抓了一把盐。妈妈给我的全是贬义词，磨叽拖延，枯竭干瘪，言之无物。爸爸说我是挤牙膏凑字数……后来是这样的，在妈妈规定的最后时间里，我糊里糊涂"挤"完了作文。

老师说你的《小先生》里有许多写好作文的大招，你能否告诉我一条快速提高分数的大招？

一条就好啦。

第 三 阶

祝你新年快乐,创作丰收!

挤牙膏的葫芦娃

2023年12月30日

挤牙膏的葫芦娃：

你好！

每班都有说话慢的葫芦娃，也有说话特别快的葫芦娃，都是急脾气的葫芦娃。

生活就是这样，越是心急，越是不能如愿。往往心急的人面前，生活摆放的就是一盆热豆腐。想提高作文分数的心情是可理解的，如果加上一个"快速"，"热豆腐"就会把我们的嘴巴烫疼。

流水账的作文，基本是在应付状态中完成的。有那种无可奈何不得不捏着鼻子的应付，也有那种没有找到作文的门道，在无能为力的状态中的应付。如果用线条来定义流水账作文的话，流水账作文就是一条在纸上随便画出来的直线，虽是一行一行的，但所有的内容都在一条直线上。

为什么不让直线般的流水拐个弯呢？如果我们让"直线"拐弯，我们的作文就多了一个角度。再拐一个弯，与原来的线条相交，作文内容就构成了一个三边形，那也叫无敌三角形。在这个无敌三角形里，作文

第 三 阶

内容就有了惊喜的张力,来自三个方向的张力。三个角有了呼应:比起单一的直线,置放了三个角的作文会产生奇妙的变化。

> 后来有个老教师就问我:"听说你连个'劢'字都不认识是吧?"我不知道怎么回答,消息怎么这么快?可事实就是这样,我一开始就出了个大洋相。这个老教师说:"你等着,他还来问你'甿'字,这个字念'畅'。那个'老酸菜'就这几个字。"我问为什么,那个老教师笑而不答。

这本来是两个点:刚刚入职的小先生,拿着生字来考小先生的学生。只能是一条流水般的直线。再后来,小先生因为不认识"劢"而出了洋相,为难小先生的那个学生竟分到了小先生班上,到这里,内容的三角形并没有完成。真正的完成是出现了那个"老酸菜",他才是三角形最重要的第三角。

小先生的作文课

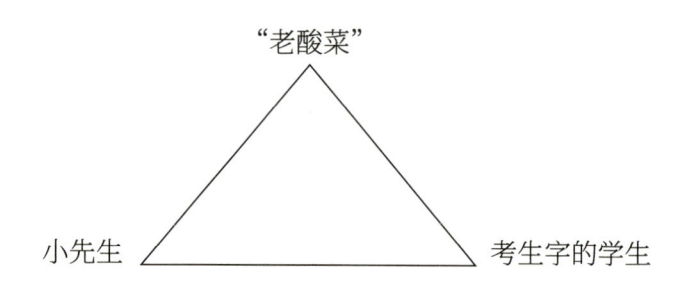

```
             "老酸菜"
                △
小先生                    考生字的学生
```

在这个人物三角形中，落魄的乡村知识分子"老酸菜""眼睛眯着，不屑一顾的样子"，但他就是这个三角形中的火车头，拉动其他两个角前行的火车头。三角形启动，小先生的面前是一阵命运的风。小先生的成长注定不是一条平坦的路，如果小先生不思进取的话，如果小先生不主动蜕变的话，乡村孔乙己"老酸菜"就是小先生的未来。

万一的事，也是有过的。

越来越肿胀的疼痛让怪孩子的眼中噙满泪水，他还是不能说出他的疼痛。

如果开口说话了，怪孩子用疼痛换来的甜就

第 三 阶

从嘴巴里跑出来了。

如果父亲知道他被蜜蜂蜇伤了,肯定会用最初的办法给他治蜜蜂蜇伤呢。

……

父亲让怪孩子自己撒一泡尿,然后再用他的尿——涂在"大头娃娃"的脸上,父亲涂抹的动作很粗鲁,有些尿还是涂到了他的嘴唇上。

父亲肯定会用这样的方法对付他嘴巴里那根肿胀的舌头。

他不能既吃了甜,又吃了尿。

他只能做那个抿着嘴巴笑的金口难开的怪孩子。

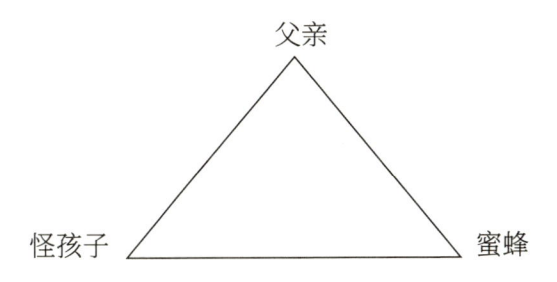

```
              父亲
               /\
              /  \
             /    \
            /      \
           /        \
       怪孩子 ———————— 蜜蜂
```

怪孩子喜欢吃蜂蜜,还喜欢吃蜜蜂蛋,结果被蜜蜂蛋里的蜂刺蜇伤了。怪孩子是一个角,用尿治蜂蜇伤的父亲是一个角。蜜蜂虽然是一只昆虫,但它作为第三角,起到了见证父子关系和重建父子关系的特别作用。

> 僻巷邻家少,茅檐喜并居。
> 蒸梨常共灶,浇薤亦同渠。
> 传屐朝寻药,分灯夜读书。

邻居好,赛金宝。昔日偏僻的小巷里,邻居不多,但邻居们的关系却非常亲密。一起做饭、种菜,还会互相借鞋子去采药。到了晚上,他们会共同使用一盏灯读书学习。

可唐代诗人于鹄写的唐代邻居关系,现在的钢筋水泥森林的城市里,不再抬头可见,不再呼应即回,每个邻居都在自己的套房里,又该如何写呢?似乎只能写《电梯偶遇》。

电梯偶遇的邻居还是见到的邻居,但作家王安忆却用手中的笔写出了从来没见过面的邻居,还写了不止一个邻居,一口气写了十二三户邻居。

第 三 阶

没见过面的邻居,还要写十二三户,难不难?当然很难了,即使写成流水账也很难。作家王安忆没用眼睛写,而是用鼻子写的。她的鼻子"找"到了一条未封好的烟道。烟道没有封好,别人家厨房里的气味就通过烟道传到作家鼻子里来了。鼻子"泄密"了这么多邻居的一日三餐,也"泄密"了这么多邻居的生活、性格和形象。作家的鼻子就是了不起的第三角,也是一个显示作家卓越才华的鼻子。

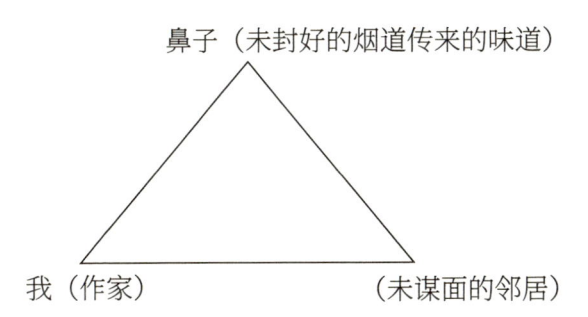

```
         鼻子(未封好的烟道传来的味道)
                △
我(作家)                    (未谋面的邻居)
```

我们的日常生活中其实一直都有三角形的。在这个三角形里,爸爸和妈妈,是常见的两个角,关键的第三角就是"我","我"是张力所在,也是动力源头。

"我"想在星期天下午与小伙伴去打篮球,妈妈不同意。"我"很不开心,爸爸做通了妈妈的思想工作,"我"向妈妈做了保证,一定考好这次期末大考。

寒假第五天,"我"依旧是晚上12点睡觉,早上10点起床,妈妈忍无可忍,决定召开家庭会议,在会议上,"我"被妈妈一顿教育,爸爸也被妈妈一顿教育,最后,"我"和爸爸在妈妈的监督下,分别交出了一套自我管理计划表。

因为有"我",爸爸妈妈和"我"这个三角形每天都有新内容,有鸡毛蒜皮的小事,有考试培训的烦恼,成长的烦恼和喜悦轮回作为剧本,"三角形"里每天都会有新戏启幕,是一起成长的"搞笑一家人",也是让我们一直铭记的"欢乐三人行"。只要做有心人,找到三个角,能够风生水起的有力道的好作文就会来到我们的笔下。

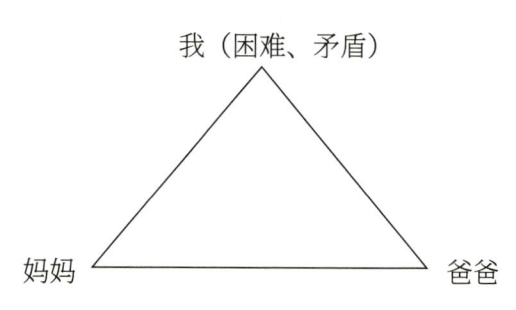

第 三 阶

儿子喜欢打游戏。如果不看着，儿子会放下作业本，去打一会儿游戏。有一天，一直监督儿子作业的妈妈要出去有事，妈妈就跟儿子说，你自己做作业，不要玩游戏，妈妈出去有事。儿子答应不玩游戏，自己在家里做作业。等妈妈回来，儿子还在埋头做作业。妈妈说儿子你休息会儿，做了这么长时间的作业应该起来休息会儿。儿子说再做一会儿就结束了。妈妈赶紧去厨房给儿子削水果，让儿子吃点水果再做作业，儿子吃完了水果，又做了会儿作业，愧疚地跟妈妈坦白，他刚才对不起妈妈，趁着妈妈出去打了一会儿游戏，他猜测妈妈快要回来的时候，放下了游戏开始做作业了，反而被妈妈错认为开始勤奋用功了。后来，儿子吃上了妈妈特别给削好的水果。

这是一个妈妈和儿子之间的故事。我们可以从这个故事中找出一个三角关系。妈妈一个角，儿子一个角,第三个角就是让我们头疼的游戏。是"游戏"这第三个角启动了母子关系的不平衡。妈妈出去有事,给了儿子空间。"游戏"有了空间,儿子满足了心愿。妈妈回来削水果,妈妈的信任唤醒了儿子,儿子的愧疚里全是爱和成长。正是因为有了一个无敌三角形,注定就有了不普通的夜晚,也是能够诞生好作文的夜晚。

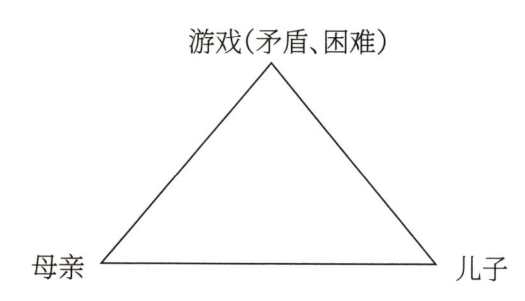

```
        游戏(矛盾、困难)
             △
        /         \
    母亲 —————————— 儿子
```

—— 快速得到作文高分有没有捷径?

当然没有。艰难困苦,玉汝于成。这世上做任何事从来就没有什么捷径可走。

—— 那有没有考场作文的保分策略?

那是可以有的。面对作文要求,准备一篇记叙文。记得无敌三角形的思维导图。为即将要写的记叙文找到第一个角。再为这篇记叙文找到第二个角。接着再

第 三 阶

找到作为"火车头"的第三个角,人("老酸菜")可以是第三角,昆虫(蜜蜂)可以是第三角,作家的鼻子可以是第三角,游戏也可以是第三角,如实写出相互作用的三角形,就可达到二类作文的分数了。

如果再用心一点,在这个无敌三角形里,多点故事的叙述性,多点形象的塑造,再多点生活的细节,那就距离理想的高分作文不远了。

加油!

为什么不写她们跳过一百个？

小先生：

你好！

今天是元旦，祝你新年快乐！

我又翻开了《小先生》，里面的文字真的好活泼啊，写草丛中的蟋蟀蛐蛐拼命地叫，像一堂纪律不好的晚自习；写可爱的孩子们像蜜蜂一样围在一起，一会嗡的一下散开，一会又嗡的一下围拢过来；就连每个小故事的标题都起得趣味十足，"眨眼睛的豌豆花""丝瓜做操"不禁让人想一探究竟。还有，你的文章开头很轻松，结尾也很轻松，好像毫不费力，得来全不费工夫的轻松。《八个女生跳大绳》看过好多天了，我的头脑中也像你那样惦记着"她们有没有跳到一百个呢？"天啦，你为什么不写她们跳过一百个呢？

第三阶

　　对我来说，作文的开头从来都是很难，等我写起来了，又不知道如何结尾了。妈妈嘲笑我像胡乱蹿上了公路的小兔，迷迷糊糊的，不知道是怎么蹿上了公路，也不知道怎么下来了。你说那只迷糊小兔该怎样回家呢？

　　此致

敬礼！

迷糊小兔

2024年1月1日

迷糊小兔:

你好!

每年元旦,我都会有一个小动作:启用新笔记本。在启用新笔记本的时候,我会仔细翻阅旧笔记本,上面有很多话是抄录的,也有很多话是记录灵感的,再次读旧笔记本上的话,总是有收获的。

我下饺子的水花都比她大。

这句话,就是旧笔记本上的话。

这里的"她"是跳水运动员全红婵。因为她在奥运会女子单人10米跳台决赛中,五个动作,三跳满分,得到了466.20分。这是有史以来的最高纪录。想想吧,10米高台,从起跳到落水,时间大约是1.17秒至1.4秒。在这个1.17秒至1.4秒之中,她要完成起跳,连接,空中姿态、翻滚或者转体,打开,入水,几乎没有水花,被称之为"全红婵水花消失术"。

第三阶

我下饺子的水花都比她大。

这是一个观众表扬全红婵的话,这句话胜过了一万字的新闻报道,我立即记在笔记本上了。

我们还是要学习全红婵,每篇作文的开头,就像全红婵站在10米跳台上,准备起跳了。每篇作文的结尾,就是做完所有的动作之后,全红婵入水了,水面上没有激起一点点水花。

男生的爸爸一直生病躺在床上……

这是《布鞋长了一双眼》的开头,布鞋和男孩有什么关系?布鞋为什么长了一双眼睛?这个悬念,就类似扬州评话开场敲的醒堂木。

—— 醒堂木一响,全堂安静,这是唤醒式的或者邀请式的"虎头",是我们的好作文需要的"虎头",一个威风凛凛的"虎头"。

> 我们学校代伙的孩子中,有一个脚上戴着银镯的男孩。

这是《笔头上的牙痕》的开头,男孩在学校代伙,"虎头"是银镯子,闪烁着忧伤光芒的银镯子。
—— 为什么忧伤?

> 每天上课,我们教室门口总有一只黑狗在晃来晃去地摇尾巴。

这是《一条黑狗叫阿三》的开头,每天上课的教室门口,竟有一只黑狗,还在晃来晃去地摇尾巴。
—— 黑狗是谁的? 该怎么处理这条黑狗?

> 除了九点二十五分至九点三十分这段时间,我们学校大部分时间是安安静静的……

这是《丝瓜做操》的开头,直接设置了一个时间悬

第 三 阶

念,九点二十五分到九点三十分。

—— 为什么其他时间是安安静静的？为什么这个五分钟就不安静了呢？

好的作文开头就像百米赛跑的起跑,起跑好了,作文就成功了一半。但这四篇文章的开头,并不是我一开始就想到的。原稿上的《布鞋长了一双眼》是从男孩开学报到写起的,《笔头上的牙痕》是从学生的文具盒开始写起的,《一条黑狗叫阿三》是从黑狗的小主人写起的,《丝瓜做操》是从我们学校的课程设置开始写起来的。原稿的开头,很平庸,很随意,一点不吸引人。就像让我们写全红婵训练,我们没写全红婵站在跳台上,反而是从全红婵的训练开始写起了,轻而易举地失去了一个可得高分的"虎头"。

写100米赛跑,不写开始的起跑,而是直接从第60米开始写起。

我们已经跑了60米了。我们已经到了途中。从途中开始叙述。就像《丝瓜做操》,并没从第一节课写起,而是直接从课间操的丝瓜写起,这是"途中"见到的丝瓜，也是60米处的丝瓜。从60米处开始好处多多，谁跑在了前面，谁还在追赶，谁又有什么故事，包括起跑的故事，刻苦锻炼的故事，都可以放在60米处叙述，一直叙述到第99米。

——结尾就放在第99米处。

开头好，我们的作文会成功一半。结尾妙，我们的作文又成功了一半。这里的"一半"是约数。结尾得干脆利索，就像准确有力的"豹尾"，余音袅袅的"豹尾"。

当我在第一节班会课上宣布他是我们班宣传委员时，他不好意思地伏在了桌子上，不过他没法把自己两只涨得通红的招风耳藏起来，像两朵鲜艳的红蘑菇，正在仔细聆听着这布谷鸟乱叫的初夏。

这是《考你一个生字》的结尾，后来这个学生有没有和小先生发生故事，已不重要了。

第三阶

这可不是一般的野兔子,而是两只金兔子!学生们都没有追赶,而是看着金兔子又折回蹿进了油菜花丛中,大家都在心中默默地喊:跑吧,金兔子!

这是《跑吧,金兔子!》的结尾,金兔子后来跑到哪里去了?它们有没有再次出现?也不重要,反正到现在,金兔子还在油菜花地里呢。

《八个女生跳大绳》写了八个女生,她们每天都在下课时间跳大绳,每天跳的个数都不一样。有时,她们跳绳的个数是超过100的,有时候是不会超过100的。在60米到99米之间的叙述,100米的结果已有了暗示,就像八个女生会不会跳过一百个呢,已不重要了。

写到99米的效果,远远超过写满100米。我的经验是,只要写到了100米,一篇本来很有力量的作文就松垮了,仅仅1米,就成了狗尾续貂。

我们得从事情的途中讲起,训练自己写"中断"了的事情。从学生的文具盒开始写起的《笔头上的牙痕》

不是"中断",而学生的家庭变故就是"中断"。从我们学校的课程设置开始写起来的《丝瓜做操》不是"中断",直接写课间操就是"中断"。

"中断"后的开头,就是60米处。

"中断"例1:下雨了,而伞坏了。

  本来风不算大,但为了赶上前面的绿灯,我就逆风快速跑了几步,没想到,伞坏了。我懊恼极了,为什么非要赶上这个绿灯呢?

"中断"例2:堵车,迟到了。

  本来每天早上都是爸爸开车送我,但他昨天晚上睡得很迟,改由妈妈送我。妈妈的驾驶技术比爸爸差远了,还总是遇到红灯。更要命的是,有时候第一个红灯过了,绿灯亮了,妈妈还是不能过。我低着头,假装打瞌睡。我怕看到妈妈那焦急和无可奈何的眼神。

第 三 阶

"中断"例3：精心出好的小报，被家里的小猫撞翻了牛奶，结果把一个晚上辛苦画出的小报泡烂了。

一切都是奶奶送牛奶造成的。我已经告诉过她了，我不想喝牛奶，但奶奶还把热好了的牛奶放到我的书桌上，说一边做小报一边喝。快做好小报的时候，一直等着和我玩的小猫跳上了书桌，一下碰翻了牛奶，我和小报都完蛋了！

"中断"例4：平时负责监督哥哥和妹妹做作业的妈妈出门上超市了，家里只留下了哥哥和妹妹，可写一篇《考验》：

哥哥的耳朵完全竖了起来，其实我也听到了电梯下行的声音。过了一会儿，电梯应该到了底楼。哥哥对我使了个眼色，我装着没有看见。妈妈是出门了，电梯是下去了。但不等于妈妈就乘着电梯出门了,说不定妈妈是在故意考验我们的自觉性呢,她不在家的时候,没有了她的监督,我们也能够把作业快速而准确地做完。

"中断"处,已是100米比赛中的60米处了。

被中断,意味着有无数可能,作文的"虎头"就此诞生。

正在此时,外面传来了电梯的声音。哥哥关掉电视,抢在了我的前面,回到了书桌上,我慢了一拍,赶紧也抓起一支笔,翻开作业本。真的是妈妈回来了,哥哥没有抬头,我也没有抬头,但作业本上的字我一个也不认识,因为写得实在太难看了。我拿错了哥哥的作业本,哥哥也拿错了我的作业本。但我没有敢跟哥哥换,哥哥肯定也知道自己拿错了作业本。妈妈扫视了一圈,又扫视了一圈,什么也没说,就回到厨房里去了。

这是《考验》的结尾。我让它停在了99米处。妈

第三阶

妈什么也没有说,她对于兄妹二人的考验已完成了,等于生长出了一个非常有力的作文"豹尾"。

> 我亦无他,惟手熟耳。

这是欧阳修《卖油翁》中最闪亮的一句话。卖油的老头把铜钱置于葫芦口上,然后油从钱孔注入而没有湿。他说没有什么奥妙,只是手熟练罢了。

我们写作文也是这样,要在平常的训练中,多多注意"中断",写100米赛跑,从第60米开始写记叙文,然后结束在第99米处。

现在,你知道我们的那只作文小兔子是从什么地方上高速公路的吗?

是在第60公里处。

那只作文小兔子还会从第99公里处下来的。它一点也不会迷糊的。这是自我训练了很多次,参加100公里作文公路赛的超级兔子哦。

加油!

第四阶

为了解决作文烦恼,你需要一根"绳子",还需要一头"大象"……

告别作文小懒虫的妙招

小先生:

你好!

妈妈说我的身上有只作文小懒虫。都2024年了,小懒虫还寄居在我的身上,每到我写作文的时候,它就出来。它还会把我的作文本藏起来,怎么找也找不到,直到把书包里的东西全部倒出来,可怜的作文本这才很不情愿地亮相了。作文本找到了,我该写作文了,小懒虫还是不让我好好写作文,它说它有点渴了,我就停下笔来去喝水。喝完了水,刚写了一行字,小懒虫又来提醒我,还是起来吃点东西吧。

妈妈说偷懒的人都会找借口。其实不是我找借口,是那个小懒虫搞的鬼。你说说为什么小懒虫还寄生在我的身上？你能不能帮我赶走它呢？

  此致

敬礼！

小懒虫虫

2024年1月5日

小懒虫虫：

你好！

真正有智慧的人，都是会"偷懒"的。

这里的"懒"，与小懒虫的"懒"，是一种虫子。它一直都有，一直都在。"懒虫"会跟着我们走遍天涯。如果不能用智慧驾驭住"懒虫"，那么我们就会被"懒虫"驾驭。被"懒虫"驾驭的人，获得的结果往往不如人意。

有次，我去参加师生共读《小先生》的活动，进入了提问环节，一个男生站了起来，很认真地问了我一个问题。

"如果让你变成一种动物，除了人，你最想成为什么动物？"

大家都笑了。

这个问题实在太有意思了，我曾接受过一个心理测试，题目是看四幅图片，有海豚，有孔雀，有狼，还有狮子，凭第一眼选择，被选中的动物就是你的灵魂动物。

但这条题目不一样,与性格无关了。

我正在思考中,有同学率先帮我找了个答案。

"狗!"

又是一阵哄笑,课堂里顿时多出了"搞笑一家人"的氛围。

代替我回答"狗"的同学没有嘲笑我的意思,他知道我超级喜欢狗,还渴望养狗。

但是,如果选择只变成一种动物的话,我得重新选择了,狗和它的主人,实际上是同一种动物:性格相似,或者性格互补的同一种动物。

章鱼。

这是我的回答。

笑声不统一了。很多同学不太喜欢章鱼。

章鱼太像外星人了。

这个"像",只是想象,我们都没有见过外星人。

—— 章鱼是地球上的,凭什么说它像外星人?

可章鱼的确太像"外星生物"了,聪明,智商高,还特别记仇,更厉害的是,它比人类多了一套"主

机",除了大脑,它的八只手上,都有独立的"处理器"。

只有两只手的我太喜欢这样的章鱼了,它就像我们中间有智慧的人那样,智慧章鱼比我们多出了六只手。八只手,就是智慧人在轻重缓急之间,在分清主次之间,在毅力和意志的加持下,找到了八只手样的驾驭"懒虫"的最佳线路。

《小先生》里的百科知识统计:

树:梧桐树、榆树、苦楝、刺槐、槐树、泡桐树、水杉树、合欢树、野核桃树、元宝树、杨树。

花:豌豆花、向日葵、紫萝卜花、油菜花、芋头花、槐树花、泡桐花、栀子花、牡丹花、晚饭花、丝瓜花。

虫子:独角仙、鼻涕虫、油蛉子、萤火虫、瓢虫、草履虫、小甲壳虫、放屁虫、红娘子、洋辣子。

动物:喜鹊、麻雀、梅花鹿、狗熊、螃蟹、蛇、癞蛤蟆、幼鼠、布谷鸟、隔断鸟、猪、羊、狗、鸡、鸭、鹅、野兔、黄鼠狼、鹧鸪、灰鹤、丹顶鹤、猴面鹰、百灵鸟、灰椋鸟、蜜蜂、黄雀。

游戏：打弹弓，踢毽子，纸飞机，吹泥哨，跳大绳，打乒乓球，打擦片，滑草垛，架鸡。

这是一个有心的小班长替我统计的。

无意之间，我成了那只小小的章鱼。在备课笔记的反面记下了乡村学校的方方面面，从操场上的天空到屋顶上的夏修，再从屋顶到地面，从鸟到人，从树到黑板，到教室外面的草垛，包括三千斤冬瓜，包括《少年打马去》中夭折的学生，包括我和老校长的故事。如果当时稍微偷懒一下，被"懒虫"驾驭，那些微小的事物，四季的风，每天早晨的光影，操场上的喊叫声，都会被我身上的"懒虫"一口一口吃掉了。

懒虫都最怕智慧章鱼。

作文懒虫当然也最怕我们做写日记的智慧章鱼。这个日记，不是作业的日记，不是写给老师和家长看的日记，而是写给自己看的日记。用一天天的日记储备起来的"食物"都是"黄金食物"。

第四阶

记日记→训练表达能力。

记日记→培养观察能力。

记日记→加强思考能力。

记日记→提供情感宣泄。

以上是写日记的四大好处。

运动专家说,任何运动习惯,只要坚持超过了24天,不想动不愿意动的小懒虫就自动退位啦。我们写日记也是这样,逼着自己坚持24天,每天花20分钟。

24×20 分钟 $= 480$ 分钟 $= 8$ 小时。

这样的话,我们每天可以让日记长出1只手,1天抓1个场景(事),8天写8个场景(事),8天正好长成了章鱼。

第1只手:家里家外。

第2只手:校园内外。

第3只手:我的朋友。

第4只手:游戏玩乐。

第5只手:生活趣事。

第6只手:生日节日。

第7只手：放飞想象。

第8只手：我的阅读。

要成为智慧的人并不容易，因为要随时与狡猾而固执的"懒虫"作斗争。小懒虫从来不甘心失败的。为了防止"懒虫"复活，我们可以让这八只手的内容再循环两次。

$3×8=24$天。

如果24天后，我们身上的小懒虫还是赖着不走呢？

今天我不想写日记，我只想休息。

心懒。

意懒。

手懒。

作业太多了。

实在没有内容可记。

最可怕的松懈，就是在这个时候出现的。

这个世上的人，谁不想偷懒啊。偷懒很舒服，但那是假象的舒服。当年在乡村学校，我真的偷懒

第四阶

过,可能的确是忙,也可能的确是懒惰,本来是连续记载的备课笔记反面的小故事,有将近六个星期的空白。

——我竟有六个星期没有在我的备课笔记的反面记那些小故事了。

——实在不应该了。

我在煤油灯下自我反省了一个晚上,然后在笔记本上反复抄写一句话:

心灵稍有涣散,背上就是枯骨!

这十二个字就像十二道无形的鞭子打在我偷懒的皮囊上,要想向前走,真的是不能松懈的。松懈意味着退步,更意味着妥协。就像徐霞客的《徐霞客游记》,这部游记是他的旅行日记,也是他的精神自传。在那么艰苦的旅途中,白天跋涉,到了晚上,他还得忍着满脚的血泡疼痛,还有全身的疲惫,借着松明的光,咬牙记下每天的旅行所得。

——写下，就是对于"懒虫"自我斗争的胜利。

还有曾国藩的《曾国藩日记》（1841—1872），他一口气写了30多年，除了中间得了大病，间断了20多天，一共写了150余万字日记。

——与其说曾国藩写下了日记，不如说是日记写下了曾国藩。

徐霞客和曾国藩，都是我们中间智慧章鱼式的榜样，他们拥有的都是和我们一样的24小时，但他们拥有的似乎不止24小时，因为有恒心，因为有毅力，他们都在自我斗争中获得了胜利。

我们的自我斗争，就是我们的自我教育。一个人的教育，最重要的不是家庭教育，不是学校教育，也不是社会教育，而是自我教育。

写日记是自我教育的最好方式。每个作家的写作，不是每天都激情澎湃的，斗志昂扬的，也有心灰意冷的时候，意志薄弱的时候，还有打退堂鼓做困难户的时候，但他们都坚持下来了。

世上哪有不辛苦的事呢？

第四阶

Never give up!

（决不放弃！）

Never, Never give up!

（决不，决不放弃！）

Never, Never, Never give up!

（决不，决不，决不放弃！）

这三句特别有力量的话，属于智慧章鱼式的丘吉尔。爱文学写小说的丘吉尔是英国首相，在指挥第二次世界大战的日子里，无论多么忙碌，丘吉尔都在用他的"八只手"写日记。后来的统计数字是这样的，丘吉尔的日记里竟然有12万个词汇，是仅次于莎士比亚词汇量的作家。

12万，是智慧章鱼的奇迹，也是丘吉尔自我斗争的胜利！

再后来，丘吉尔根据他的日记，写下了《第二次世界大战回忆录》。这本书，让丘吉尔荣获了1953年诺贝尔文学奖。还有比丘吉尔更忙碌的作家吗？就是一本本智慧章鱼日记，成就了作家丘吉尔。

从现在起，我们也可以拥有智慧章鱼日记，成为一个既会写作文也会战胜小懒虫的智慧人。

加油！

第四阶

附:"小先生章鱼日记习惯训练表"(内容仅供参考)

	第1天—第8天	第9天—第16天	第17天—第24天
家里家外	掉进手机美颜的妈妈	长在沙发上的爸爸	犟脾气的弟弟
校园内外	班主任的口头禅	校长来陪餐	英语老师穿了新衣服
我的朋友	篮球狂人	厕所会议	他,流泪了
游戏玩乐	斗尺冠军	狠狈的斗橡皮	大嗓门的游泳教练
生活趣事	一个人的恐怖夜	穿错了的袜子	体重秤的过错
生日节日	被遗忘的外婆生日	元旦野营	国庆节的火车站
放飞想象	跟孙悟空去花果山	为爱因斯坦做导游	电梯里的大怪物
我的阅读	抄录喜欢的书	抄录喜欢的书	抄录喜欢的书

有模有样的作文都是用心"捆"起来的

小先生：

你好！

我向你求救来了。上学期结束，我被评为班级里的"阅读之星"，老师给我的奖品就是《小先生》。映入眼帘的是清新简单的封面，绿色草地，五朵黄色小花跳出画面，就像春天到来。《小先生》里的文字让我读起来倍感轻松，简短流畅的文字，总是将每个主人公生动地呈现在我的眼前。《请举起你的手》讲了一个能听得见，但不会说话的男孩子。还有《站着上课的少年》《我爱野兔》《哭宝》……我统统很喜欢。

我喜欢读书，也喜欢写作文。每次作文课，老师都会选择最好和最不好的作文读给大家听，我都有份的。老师说我的作文像掉在地上的珍珠，每一句都有文气，但整篇作文就显得特别散了，像是散文家写的"散"文。老师说到"散"文的时候，在黑板上写了这个词，还在"散"上加了引号，老师批评得很对。从此之后，我就叫"散文家"了，也有人叫我"散仙"。我很不喜欢这些绰号。

  我该怎么办呢？

  此致

敬礼！

散仙一枚

2024年1月7日

散仙一枚：

你好！

我们的《西游记》里，就有两个出名的散仙，一个是住在灵台方寸山的菩提祖师，他是孙悟空的老师。一个是躲在五庄观里种人参果树的镇元大仙。

散仙的日子很好过，云游四海，"散"来"散"去，从来不用考试，当然也从来不用写文章。

我们平时写的作文，我平时写的散文，都属于文章。

文章 = 文 + 章。

从这个等式中可以知道，"文章"是由两个部分构成的。有"文气"，但"散"落一地，那是有了文章的"文"，缺少了文章的"章"。

章 = 章法。

戏法人人会变，各有巧妙不同。我们祖先就有一个令世界叹为观止的"巧妙"。这个"巧妙"后来被用在了上海世博会的中国国家馆上，我们中国国家馆的顶部采用的就是这样的"巧妙"，特别有"章法"的"鲁班锁"结构。只有六根小木条，通过榫卯啮合，一榫

第四阶

一卯之间，一转一折之际，因为讲了章法，鲁班锁拼好之后，就很难解开。

章法很重要。那些被公认的有章法的文章，作者都会让文章中的"六根小木头"组成"鲁班锁"。没有章法的文章，文字都很松动，即使多了文气，还是容易散成六块木头，非常可惜地成了失分严重的"散仙"式作文。

我说道："爸爸，你走吧。"

他望车外看了看，说："我买几个橘子去。你就在此地，不要走动。"

这是朱自清先生写父爱的名篇《背影》中最特别的一段。记得讲课讲到这里，我都会停下来，问学生们：

爸爸为什么买的是橘子，而不是苹果？

课堂瞬间安静了 —— 被我问住了。

过了一会儿，有两个同学举手说找到了"答案"。

小先生的作文课

一个说,那时浦口火车站的水果摊上只有橘子卖,没有苹果卖。一个说,是爸爸知道儿子就喜欢吃橘子,不喜欢吃苹果。我让同学们再想想。同学们再也不举手了,我知道他们在努力地思考。

这里的橘子,能不能被苹果替代?

有同学说能。有同学说不能。答案摇摆不定。

我请同学们在《背影》里找色彩。冬天的车站,全是坚硬的灰黑色,连父亲的色彩也是"青布棉袍黑布马褂",唯有橘子是朱红色的。明亮的,耀眼的朱红色。还有,苹果是硬的,橘子是软的。朱红的,软软的,是父亲的心,也是儿子的心。就这样,小小的"橘子",像一根无形的绳子,结结实实地把《背影》整篇文章"捆"了起来。无形的绳子,就是章。章法的"章"。有了"章",《背影》魅力无穷。

> 铁鞋子肯定是没有的,后来我发现他穿上了一双前面钉皮的布鞋子,他妈妈终于想出了一个办法,给他穿的布鞋子前面包上一层皮。说来也

第四阶

怪,他穿上前面钉皮的布鞋反而不踢了,走路变得小心翼翼的,可这只是暂时的,不久他又恢复了原样,依旧像山羊,依旧一蹦一蹦的,遇什么踢什么,他甚至还踢树!不知他走路很快与这有没有关系。

"布鞋长了一双眼"这个素材折腾了我好久,我写了好几遍,怎么写也觉得没有写"透",重写了,还是不妥当。再后来,我决定把这篇文章的重点放在他的双脚上,他的那对没有剪指甲习惯的大拇指上。那是一对永不安分的,渴望成长也渴望爱的大拇指。"长指甲的大拇指"成了"捆"文章的"绳子",构成了这篇文字的"章"。

冬天来了,我去县城人武部商店买了一件黄色的军大衣。我就裹着黄军大衣刻蜡纸。天很冷,罩子灯上的鸡蛋熟了,我把它握在手中,揩着鼻子上的清水鼻涕,继续刻写讲义,我觉得生命中有一种东西正在被我犁开。"姓名＿＿""学号＿＿""得分＿＿"。我必须先刻写下这些，然后再开始写下第一项内容。刻完之后，原先厚重的蜡纸被我刻得轻盈了，在灯光下多了一种透明。我知道，我已和以前的老教师一样，把寂寞这张蜡纸刻成了一张试卷。

有模有样的作文都是用心"捆"起来的。那时的我们常常在油灯（罩子灯）下刻写试卷。其实，教师工作有很多内容，刻写试卷，其实仅仅是其中的一项。而且，刻写试卷是春夏秋冬都必须要做的。我还是决定把时间放在冬天。油灯是必须要写的。夏天的时候，油灯前全是扑火的虫子，还有汗水。不如写冬天，寒冷的冬天，温暖的油灯，还有吊在油灯上方的铝盒，铝盒里是一只马上要煮熟的鸡蛋。这就是我寻找"绳子"的思维全过程。有了"鸡蛋"这根无形的绳子，煮熟鸡蛋的时间和刻写试卷的时间就成了完美的榫卯结构。

第四阶

突然,有只黄背萤火虫摇摇晃晃地飞在他们的眼前,他搞不清是他手中"玻璃灯笼"里出来的,还是刚刚从外面飞过来的。反正,这只黄背萤火虫实在太亮了,是他见过的最大最大的萤火虫,简直就像他们家里的一盏小月亮。

母亲也盯着这只萤火虫看。他不敢呼吸了。

萤火虫围着他转了一下,接着放过了他,飞向母亲那边……

过了一会,萤火虫落到母亲的头上了!

天啦,实在太神奇了。

这只萤火虫像是母亲头上的"银簪子"!

母亲也意识到了自己的头上有"光"闪烁。母亲没说话,他也没有说话,"银簪子"在闪烁。

他多想这只"银簪子"在母亲的头上多留一会儿,要不,就永远留在母亲的头上啊。

后来,这只美丽的"银簪子"还是飞走了。

"萤火虫

小先生的作文课

　　夜夜红

　　飞到西

　　飞到东

　　好像一盏小灯笼。"

　　在这篇《萤火虫，银簪子》中，我没有用萤火虫作为"捆"文章的"绳子"，而是用了一首关于萤火虫的童谣。如果没有这首童谣，这篇文字就"散"，文章的效果会大打折扣。

　　须将一片地，付于有心人。

　　作文也是我们面前的一块地。随心所欲的种植和有心人的种植，收获是完全不一样的。丰收往往属于"有心人"，也就是追求"章法"的人。那些准备做"散仙"的作文，我们写的时候有多轻松，老师的扣分也扣得有多爽快。

　　时间。

　　空间。

第四阶

人物。

故事。

情感。

我。

这是每篇记叙文里的六个要素,也是"鲁班锁"的六块木头。我们得把这六块木头好好构思和加工,榫卯相扣,在规定的字数里完成一篇有章法的作文。老棋手下棋的时候,不仅眼前有只棋盘,他们的心里也有一只棋盘。棋盘上走第一枚棋子时,心中的棋盘已经走到第五步了,甚至到 N 步了。经验老到的老裁缝面对一块布料,眼睛里就有把尺子,什么是需要的,什么是不需要的。不讲究章法的写作文,是拿着"剪刀"不知所措的小学徒,最突出的问题是"头重脚轻",起因写了一大半,还没到经过呢,望望字数差不多就可以结尾了。有时候是前 50 米,写得太多。有时候是 60 米刚开始,就开始写 100 米了。失去了重心,也失去了章法。

小先生的作文课

如何在一堆作文素材中寻找一个最结实的"绳子"呢?

妈妈屡次减肥,屡次失败,每次失败之后,都把责任归罪于喜欢做菜的爸爸。有时候也归罪于他,如果不是生他,她的身材不会变形,也不会发胖。虽然妈妈这么责怪爸爸和他,但爸爸和他根本不生气,因为妈妈渴望重新回到少女妈妈。爸爸说,我们都要支持这个意志力不坚强的妈妈。

这是一个同学写妈妈减肥的作文,素材很多,但他找不到那根无形的"绳子"。—— 绳子在哪里?

让我们一起来分析妈妈减肥故事中可能的"绳子"们。

第一根绳子:新衣服。妈妈总有穿不上的新衣服。
第二根绳子:镜子。妈妈最讨厌的也是最诚实的物件,

第四阶

就是家里的镜子。第三根绳子：千卡。妈妈每天都在念叨，每样食物里含有的热量，瘦一斤需要消耗多少千卡热量。第四根绳子：减脂餐。他经常陪妈妈一起吃的又特别难吃的减脂餐。第五根绳子：体重秤。家里的体重秤明明很正常，但经常被妈妈抱怨不正常。

五根可能的"绳子"找出来了之后，我们可以再从这些"绳子"中找出一根最结实的绳子，也就是能够"捆"住素材的绳子。当然是第五根绳子："体重秤"。接着，我们可以写出一篇有模有样的好作文了：《"冤王"体重秤》。

如果只做"散仙"，简单写妈妈减肥的故事，只能得到二类作文分。如果选择体重秤作为绳子来"捆"住全文，这样可以让评卷老师眼前一亮，有成为一类作文的可能和现实。

从现在开始，哪怕写一篇小文章，都要想一想，像下棋一样，把作文本的格子当成棋盘的格子，把每个字当成棋子。写下就是谋篇,写下就是布局。谋篇布局的好习惯,用绳子把作文"捆"起来的好习惯,会让你的作文有模有样,也会让你的人生跃上一个新台阶。

加油!

毛头与大象

小先生:

你好!

每读到《小先生》里的《毛头与狗叫》,我就笑得不行,你怎么知道我也叫毛头?你怎么知道我爷爷也是这样叫我的呢:"毛头,毛头,我家的毛头呢?"

我的小名就叫"毛头"。

五年级之前,我喜欢上作文课。到了五年级,对于作文课的感觉,是既渴望又害怕。我特别希望自己写出让老师拍案叫绝的作文开头,但每次开头,都被老师用红笔批评。我感觉现在的作文越来越像那头庞大的大象了,我是那个摸大象的人。三年级,我的作文分数稳定在95+。四年级,是90+。到了现在的五年级,这学期的作文经常是85+。放寒假的时候,爷爷看着我的作文成绩说,依这样的发展速度,到了六年级新学期,我家小毛头作文肯定是80+。

我都怕升六年级了,该怎么办呢?

此致

敬礼!

小毛头
2024年1月28日

小毛头：

你好！

我们很多同学都说过作文的难度，而把这种难度表达得如此清晰的，就是你这句比喻：作文是一头大象。作为本体的"作文"和喻体的"大象"是八竿子也打不到一块的，而你竟能把这两个隔得很远的事物出人意料地放在了一起，显示了我们的毛头所拥有的语文能力了，很不错，为我们的毛头点赞。

"语文"是什么，"语"是说话。"文"是书写。我们的"说话"和"书写"的能力并不是天生就会的，所以需要训练需要培养。用"语文"这门学科训练培养我们的"说话"能力和"书写"能力。

语文课程有着非常科学的培养过程。二年级"写话"，三年级正式写作文，如果从三年级开始，一直到高考，每学期的作文要求都不一样，一步一步，步步高。这么算起来，有作文的学年是10个学年，一共有20个学期。如果我们把平时的作文（大作加小作），加上测试和考试的作文，寒假暑假的作文，还有使用过的词语和句子加在一起,那真的是一个庞然大物,我们的毛头在比喻中认定的作文大象!

  十八岁时,小个子的他,成了小先生。

  还是一个疯狂爱写诗的乡村教师。

  有一次,诗歌的灵感正在他的脑海里熊熊燃烧,父亲拿着扁担走过来了,意思是让他跟他下田去学种田。

  他用钢笔指着本子说他在"写东西"。

  他又说这东西写好了可以"登报纸"。

  父亲和扁担同时点了点头。

  他又告诉父亲,"登报纸"后,人家是给钱的。

  他有意把"钱"字说得很重。

  当时一首诗稿费大约有几块钱。他张开右手的大拇指和食指,做出一个"八"字的样子,送到父亲的眼里。

  八块钱,是那时他得到的最高稿费。

  老父亲的眼里满是光。

第四阶

过了一会儿,父亲和扁担一起站起来,像即将出征的老司令员:

"你今天不要下田了,好好写!"

"多写!"

临出门前,父亲又回过头对母亲说:

"一百斤稻子呢。"

这是他和父亲有关文学的唯一交谈,还是一个数学等式。

不识字的父亲在心里默算出了一个数学等式:

1首诗=8块钱=100斤稻。

那是刚刚开始摸文学大象的我,已"摸"到了一笔小小的稿费:"八块钱"。等到星期天回到家中,父亲希望我跟着他下田学习劳动,我不想下田劳动,就想写诗。我和不识字的父亲发生了交锋。本来我和父亲的交锋力量并不均衡,但有了"八块钱",我暂时胜利了。其实,那时的我,还没有摸到文学大象。我只是

小先生的作文课

走向摸大象的路途中。

这么多年来,我一直想写出理想的文字,但有时候,我偏偏摸到的是大象腿。有时候,我摸到的是文学大象的鼻子。有时候,我摸到的是文学大象的牙齿或者尾巴。也有的时候,摸到的并不是文学大象,而是一堵真正的墙,坚固无比又寂寞无边的文学之墙,那堵现实中的寂寞之墙也可能就是文学大象的身体。好在碰壁的我,被撞得头疼的我,还是坚持走在摸大象的路途上。

摸大象,需要我,"第一主人公"。因为别人是代替不了我们摸大象的,四年级是我,五年级是我,六年级还是我。继续写作文,继续摸大象。"我"是第一主人公。"第一主人公"必须要有表达的愿望,我们才有骑上大象的可能,才会在众多的声音中找到我的腔调,讲述我的故事,才会拥有骑大象的信心和绝技。

　　回去的路上,校长首先把那双在水泥马路上叫了一天的雨靴脱下来,然后就躺到了我们刚从

第四阶

新华书店买回来的书捆上。我们也相继把雨靴脱下来。河上的风吹过来，吹得我们双脚那么舒坦。校长一会儿就在新书捆上睡着了，机动船发动机的节奏好像在催眠，他还发出了呼噜声。而他的旧雨靴，一前一后地站着，像哨兵一样守卫着他的梦乡。

穿着雨靴进城，是我内心认为特别不光彩的事，这也是城乡差别造成的尴尬事。"我"（小先生）脸皮薄，觉得穿着雨靴进城见到过去的同学特别丢脸，而校长却泰然自若。校长的雨靴像哨兵，也是让我反省的哨兵。在这里，我找到了那个能够"穿着雨靴"进城而不羞愧的"第一主人公"。

有一次，有位家长送给我一只鹅，结果这只鹅嘎嘎嘎地责了我整整一夜。

鹅是不会说话的，一个"谴责"，反而让"我"快速长高了，长到了看见大象的高度。

　　有一天我实在寂寞，一股热流在我身体里冲来冲去，找不到门——我又一次去踢足球，而且踢的是倒挂金钩。足球打在苦楝树的树桩上，内胆真的就破了。球老了，像一个瘪下去的句号。

这里，表面上写的是足球，实际上写的是寂寞乡村岁月对于"第一主人公"（小先生）的锤炼和塑造。

《小先生》里还写了校长，写了黑脸总务主任，写了老教师，写了乡亲们，写了学生，但"第一主人公"还是"我"（小先生）。"我"才是命运的核心，"我"才是渴望骑上写作大象的骑手。

我们还是回到"毛头"这个小名中吧。"毛头"肯定是我们的"第一主人公"。如果我们仔细分辨一下，家人叫"毛头"的声音其实是有细微区别的。奶奶叫毛头的声音，外婆叫毛头的声音，外公叫毛头的声音，爸爸叫毛头的声音，与爷爷叫毛头的声音，每个人的

第四阶

音调都有高低和长短。叫"毛头"最多的肯定是妈妈，妈妈的声音肯定最温柔。如果妈妈不叫"毛头"，而直接严肃叫学名，那就意味着有要求，有警戒了。

这些都是家人们爱我们的表达方式。亲人们叫你"毛头"的声音，无论是叙述它们的共同点，还是讲清楚它们的区别，我们都不要忘记"我"这个"第一主人公"。

要写出在亲人们的叫唤声中的"第一主人公"。

要写出跟喜欢下棋的弟弟在妈妈面前争宠的"第一主人公"。

要写出屡次突破外婆厨房禁区的"第一主人公"。

要写出奋笔疾书写作业的"第一主人公"。

要写出清晨还想再睡一会儿不想上学的"第一主人公"。

要写出星期天想去和小伙伴们打一场篮球赛的"第一主人公"。

要写出考试成绩不理想哭鼻子的"第一主人公"，那也是想战胜作文大象的"第一主人公"。

小先生的作文课

每件事，里面都有一个"我"。哪怕是一件"物"，里面也有一个"我"：我的体验，我的情感，我的呼喊，我的神思……

例1.

星期天，妈妈去理发店剪掉了她留了许多年的长发。爸爸觉得很可惜，妈妈笑着说她现在喜欢短发了。看着有点陌生的妈妈，我其实一点也笑不出来。我知道，妈妈是为了节省时间，方便把更多的时间留给我和弟弟。

例2.

弟弟特别爱下棋。每当我放学回家，他已早早摆好了棋盘。我做作业的时候，他会端着棋盘和我家的乌龟说："你能和我下盘棋吗？"虽然他说的声音特别轻，但我知道，弟弟是希望我快点做完作业，好跟他下一盘棋，然后再被他杀得人

第四阶

仰马翻。

例3.

外婆说话声音很大,和别人用手机通电话像是在吵架。记得有一次,我想安静地看看书,就建议外婆说话声音小一点。过了一会儿,家里静悄悄的,一点声音也没有,我的书反而看不下去了。我走到客厅,发现外婆正在沙发上看静音电视,屏幕的光映衬在她苍老的脸上,像彩色的雨水。我难过极了。

这三个作文片断里,"我"(毛头),都是每篇作文的"第一主人公"。

"第一主人公"的家里家外。

"第一主人公"的校园内外。

"第一主人公"的自我表达。

从二年级写话开始,一口气要训练十年的作文课,就是要让"我"成为一头和作文大象平起平坐的，大体量大气量会表达能表达的大象。

这，就是开设作文课的意义所在。

非常计较自己的作文分数不是坏事，但不能局限于自己的作文分数，应该跟老师跟同学跟爸爸妈妈多多交流，为什么我是这样的分数？我的作文失分点究竟在什么地方？如果是语言不足，就努力练习语言。如果是结构不足，就多多学习和练习优秀作文的结构。如果是素材不够，就多多观察，多写日记。反正，"我"哪里不足，我们就努力"长"哪里。我们有的是成长的时间，但千万不要在同一个地方跌一次跟头，甚至在同一个地方跌几次跟头。等到"我"不再跌跟头了，你的作文就会长出大象的鼻子，长出大象的身体，长出大象的尾巴，长出大象的牙齿，长出大象的耳朵。到时候，"我"就是一头大象了。

—— 和作文大象平起平坐的大象！

再提醒一下作文开头的事。作文大象是会打瞌睡的。当"我"坐在书桌前，命令我们的作文大象：

第四阶

给我一个作文的开头吧。

会打瞌睡的作文大象肯定是敷衍的，它给出的第一个作文开头是容易的，是平庸的，也是其他人容易想到的。

必须继续唤醒沉睡的作文大象，让"第一主人公"给我们的作文大象下命令：

请再给我第二个作文开头和第三个作文开头！

我们肯定会收到第二个开头和第三个开头。在收到的三个作文开头中，必须弃用第一个，然后在第二个作文开头和第三个作文开头中间选择一个。要知道，经过三轮构思，我们的思路是一点点敞开，获得的第二个作文开头和第三个作文开头一定是好于第一个开头的。开头好了，我们的整篇作文的分数会前进一个档次。

好习惯是好作文的敲门砖，一定要养成构思三个作文开头的习惯哦。

加油！

我的新衣服非得大一号吗?

小先生：

你好！

我想倾诉我在作文方面的苦恼与困惑。我喜欢作文课，每次也能得到85分上下的分数。妈妈说我的作文潜力是95分，还有10分的潜力没发挥出来。

为了发挥这10分的作文潜力，妈妈简直挖空了心思，刚看了一点电视新闻，妈妈说这个新闻"有意义"，你应该写篇作文。邻居家的昙花开了，妈妈拿着手机里的视频给我看，说这件事"有意义"，你应该写篇作文。保安爷爷帮助我爷爷的电动车充电，妈妈说这件事"有意义"，你应该写篇作文。我正玩得开心的时候，妈妈又说这次春节联欢晚会很"有意义"，让我趁热打铁，赶紧写篇作文。

第四阶

"你应该写篇作文",成了妈妈的口头禅。我耳朵里几乎全是这个声音。我写了很多"有意义"的作文,成效却一点点也没有,我的作文分数还是85分。还有……我不那么喜欢作文了。

祝你新春快乐,心想事成!

此致

敬礼!

不快乐的兔九哥

2024年2月13日

不快乐的兔九哥：

过年好！

妈妈总是在孩子开心的时候提到作业（作文），这是"妈妈为你好"定律之一。

"妈妈为你好"定律还有一个表现，就是给孩子买的新衣服总是大一号。

我认识一个小男孩，一般的小孩，都是喜欢过年穿新衣服的。可他不，最不喜欢过年穿新衣服了。每次临近过年，穿上了新衣服，他都不快乐。妈妈给他买的新衣服都大了一号，甚至大了两个号。妈妈还总是有理由：他长得快，等过一段时间，就合身了。可小男孩现在还没有长大啊，大一号码的衣服的确会让孩子不舒服，换成大人，也会不舒服的。

"有意义"的事，就是大了一个号码，甚至是大了几个号码的衣服。

《小先生》里有一组是专门写乡村教师群像的。除了老校长，总务主任，还有我的同事们，他们教会了我很多，他们都是我的老师。

第四阶

孙先生口袋里后来多了一把尺,他是在量他儿子的身高。每天还领着他的那么小的儿子跑步压腿。压腿时儿子疼得哇哇哇地叫。可孙先生一点也不心疼,还说,坚持,坚持。他儿子坚持是坚持了,但在不停地哭。

这是我的同事体育教师孙老师的故事,他的人生理想就是想让自己的儿子成为世界冠军。孙老师理所当然地认为,世界冠军对儿子来说,是一件非常"有意义"的事,但孙老师的儿子小孙总是"不停地哭"。为什么哭?这件"有意义"的事并不适合他。不适合的结果当然可想而知,孙老师的爸爸妈妈心疼孙子,出手干预,"穿了大一号衣服"的小孙解放了。

孙先生的"世界冠军"计划就这么流产了。不过孙先生的儿子很调皮,小小年纪,能骑着孙先生的自行车满操场转。

大人的"有意义"真的不等于孩子们的"有意义"。因为小孙认为最开心快乐的事,不是世界冠军,而是骑着爸爸的自行车满操场转。

"意义""有用""效率""成绩""名次",这些大了一个号码,甚至大了几个号码的"新衣服"看上去很美,但失去了"兴趣的快乐"。

"渴望穿上新衣服"——这是孩子天生的快乐。这个天生的快乐背后还有一个小小的要求:"合身的新衣服"。

  他找到了一只竹筛,开始剥豌豆。豌豆都是种在"十边地"上的。"十边地"都不大,路边。沟边。田埂边。池塘边。

  都是见缝插针地种。

  种豌豆的地方都是不同的,明年不会在同一个地方看到豌豆呢。

  六指爷说,种豌豆"不能连作"。

第四阶

他不是太懂"不能连作"的意思。

六指爷说,"不能连作"就是不能连续在一个地方种豌豆。

六指爷又接着打了个比方,"不能连作"就像这辈子一家人是在一起的,到了下辈子,一家人就不在同一个地方了。

黄灿灿的豌豆们在竹筛里来回滚动,来回追逐。

它们像是在做游戏。

这是豌豆一家人这辈子的游戏呢。

刚想到这辈子,那"猫尿"又止不住地从哭孩子眼睛里一颗颗溢出来,噼里啪啦,全种到地上了。

小时候的我,是一个特别爱哭也特别会哭的孩子,眨巴眨巴,眼泪就掉下来了。因为豌豆而哭是邻居六指爷告诉我,今年种豌豆的地方,明年是不能种(连作)的。意思是这辈子在一起,下辈子就不在一起了。一想到我和我父母这辈子是在一起的,下辈子就不在一起了,多愁善感的我就一边剥豌豆,一边哭。

"连作"是一个农业名词,与之相关的名词是"轮作"和"休耕"。如果在一块地上一直种同一种植物,那就会带来地力乏力。因为土地是农民的命根子,农民伯伯们珍惜土地感恩土地,生怕在种植中让一直奉献的土地"伤了力"。而恢复地力的最佳方式就是"休耕",允许这块地今年什么也不种,到第三年再种。或者是"轮作",这块土地上今年种了豌豆,第二年就不再种豌豆,只能种油菜。

农民伯伯的智慧和呵护是有回报的。"休耕""轮作"之后的土地,更容易获得丰收。

属于我们的时间也像农民伯伯面前的土地,我们可以把一天的24小时,分成24块土地。如果我们在24块土地里,全部种上"有意义"的事,长此以往,以后这24块土地会荒漠化、盐渍化、水土流失。这是多么得不偿失的事,就像你说的"我不那么喜欢作文了"。

作文课是培养我们表达能力和沟通能力的必修课

第四阶

程。在培养的过程中,我们希望让所有的孩子获得"兴趣的快乐"。当"兴趣的快乐"遍布了我们的作文课,遍布了我们的作文本,这样的作文课无疑是成功的。这样的快乐,就像是穿上合身新衣服的快乐,也是从孩子们心里自然流淌出来的像泉水一样的快乐。

荒漠化和盐渍化的土地是不可能有泉水的。很多优秀的人,都是自我"休耕"的最佳实践者。我们必须有"休耕"时间,在每天24小时里,给自己30分钟到1小时的"休耕"时间。

不必说碧绿的菜畦,光滑的石井栏,高大的皂荚树,紫红的桑葚;也不必说鸣蝉在树叶里长吟,肥胖的黄蜂伏在菜花上,轻捷的叫天子(云雀)忽然从草间直窜向云霄里去了。单是周围的短短的泥墙根一带,就有无限趣味。油蛉在这里低唱,蟋蟀们在这里弹琴。翻开断砖来,有时会遇见蜈蚣;还有斑蝥,倘若用手指按住它的脊梁,便会啪的一声,从后窍喷出一阵烟雾。何首乌藤和木莲藤缠络着，木莲有莲房一般的果实，何首乌有臃肿的根。有人说，何首乌根是有像人形的，吃了便可以成仙，我于是常常拔它起来，牵连不断地拔起来，也曾因此弄坏了泥墙，却从来没有见过有一块根像人样。如果不怕刺，还可以摘到覆盆子，像小珊瑚珠攒成的小球，又酸又甜，色味都比桑葚要好得远。

小鲁迅在百草园里闲逛得来的植物和昆虫故事"有意义"吗？如果用"考试"这个意义来衡量，百草园里的观察就是"浪费"，就是"无意义"。所以，赋予了自己的生命体验的"浪费"，特别有意义。"休耕"里的那种主动体验的自由里，藏着我们真正的自己。找到了真正的自己，我们能在作文的字里行间，给未来长出意想不到的惊喜。

《小先生》写的是学校的故事。既然是学校，那么最"有意义"的事应该是考试，成绩，教学进度，还有作业批改，三好生表彰，升学考试等很多"有意义"的

第四阶

东西。

《小先生》里最闪光的,恰恰是那些"无意义"的部分。比如,一朵急脾气的粉笔花。比如,左耳朵戴着金耳环的男孩在课堂上玩蚂蚁。比如,落在操场上的猴面鹰。比如,跟着学生做操的丝瓜。比如,骑过校长的自行车。比如,每天放学时开放的晚饭花。这些与考试和课堂无关的"无意义"的部分,恰恰是最"有意义",最"有用"的,也是最有生命力的。正是那个没有忘掉记下那些"无意义"的18岁的小先生,那个寂寞的热爱文学的小先生,那个喜欢在乡村学校里"东游西荡""浪费时间"的小先生,那个喜欢把看到的,听到的,大事,小事,哪怕是芝麻大的小事,都记在备课笔记的反面的小先生,成全了现在的我。

令人驻足惊叹的,往往是在人生活中毫无用处的东西:无从捕捉的倒影,不能播种的峭壁,天空奇妙的色彩。

小先生的作文课

这是作家约翰·列斯金说的。"毫无用处"的东西，只有在"休耕"的时段里才能收获。每天"卷"在课程里的孩子的眼睛，是疲惫的，是无可奈何的，虽然看清了黑板上和书本上的字，但他们都是"视力不好"的小老头，小老太，"看不见"本来很好玩的世界。

"看不见"，就是无米之炊，就没有内容写作文，当然也不会有写作文的愉悦了。

1周=7天=7×24小时=168小时。

168小时-1小时=167小时。

167小时>168小时。

这是我们应该面对的3道数学题目。最核心的是第2道数学题——"休耕"1小时。这1小时，我们可分散在一周7天里，也可以一起集中在周末。这是不做小老头小老太的1小时，这是做好奇猫的1小时。

离开书包，丢下作文本，走到小区里，走到小区外，走到大街上，走到商城里，走到公园里，走到郊野里。

爱小动物，爱每一棵树，爱每一只虫子，爱一切

第四阶

与我们擦肩而过的事物……

只有空杯子,才能装上水。

1周1时的"休耕"是我们的自我补偿,是我们的自我生长。会"休耕",善于"休耕","休耕"1小时会让我们的土壤充满无限的生长可能,无限的生长后劲。我们的心会越来越宽,眼睛会越来越好,获得不一样的观察力和穿透力,作文土壤的地力就越来越肥沃。

《小先生无所事事1小时指南》:

1. 破坏一只蜘蛛网,等待蜘蛛如何补网。

2. 扔出一段长长的薯条,看几百只蚂蚁如何合力搬走这根长薯条。

3. 看狗和猫怎样打架。

4. 数一数马路的左侧有多少棵树,右侧有多少棵树,一共有多少鸟巢。

5. 看老补鞋匠怎样补好了一双鞋。

6. 看商城里胖保安怎样偷吃零食。

7. 下雨天,给玻璃窗上每一滴滑落的雨珠画上表情包。

…………

"无所事事1小时"的神奇"休耕"之后,从书本上抬起头的我们会变得从容而自信,会更有力量爱上1周的另外167个小时,当然也有足够的臂力拥抱和热爱我们的作文。

加油!

激励：你的作文总会发芽的

小先生：

你好！

昨天开学了。奶奶问我，一年之计在于春，你在这个春天有什么打算？

我还没想好回答什么，奶奶就替我准备好了目标：如果我这学期的作文从三类作文（75分左右）提升到二类作文（85分），并且有三次作文达到85分以上，我可以在这个暑假去新疆吃最最正宗的羊肉串，正宗的羊肉串咬到嘴里，嘴角边都是香喷喷的油。

奶奶说话是算话的，上学期，我的数学原来总是徘徊在90分左右，奶奶用"连吃三次肯德基"的承诺诱惑我。上学期，我的数学分数真的提高到了95分以上。

小先生的作文课

　　这学期如果我的作文考到85分,就能暑假新疆游,谁来帮我兑现这个大幸福?
　　此致
敬礼!

没有退路的人
2024年2月19日

没有退路的人：

你好！

每个人的成长都需要有一个能量强大的守护神。童年的守护神都有千里眼，有顺风耳，有第三只眼，还有翻也翻不出去的博大的温暖的巴掌心。

奶奶就是这个能量强大的如来佛。奶奶不仅会守护，更加了不起的是，奶奶是一个非常懂得教育管理的民间教育家，她仅仅用了三顿肯德基，就提升了一个人的数学成绩！

如来佛奶奶的教育法叫作"激励教育法"。

激励像春风，批评像秋风，在教育的过程中，春风激励的作用，是催生新树叶的，是永远大于批评的作用。

如果再准确一点，奶奶用的是"激励教育法"中的"目标激励法"。如来佛奶奶其实早就看出了你的数学的潜能，也看出了你作文的潜能。

潜能属于可能性。在可能没有兑现之前，是需要激励的。从这个意义上说，激励就是一个人勇敢前进的初动力。我们的人生就是这样，只要有过一次目标激励，潜在的大能量就会破茧而出。

千年的虾子，万年的草根。

这十个字，看上去很简单，但如果好好品味，每个字都有无穷的核动能。那些沉睡在地下的土里，都含有千年前的虾子，都含有万年前的草籽。如果我们挖一个水坑，不出几天，水坑里就出现活蹦乱跳的小虾子了。不出几天，我们会发现那些被挖出了的土壤，土堆上会冒出绿茵茵的小草了，土堆就像长出了一丛丛绿头发。

是水的激励，让一千年前的虾子孵化出了小虾子。

是风的激励，让一万年前的草籽长出了绿头发样的小草。

如来佛奶奶是懂得"激励"的——她知道宝贝孙女的数学潜能里有等待孵化的"千年的虾子"，她也知道宝贝孙女的作文潜能里有等待发芽的"万年的草根"。

当着我的面，我的这位学生牵着那个小男孩

第四阶

走了。后来这小孩总过来叫哑巴,弄得我们班的学生都叫他哑巴,我不知道怎么制止。不过我还坚持我的叫法,叫他的学名。我不希望他在沉默中忘掉他的学名。每次班上点名,我点到他的名字时,他总是怔了怔,然后举起手(这是我要求的)。只要我看到他举起手,我就感到他心里的自尊又长出了一片新叶。

如何面对一个哑巴学生?我一直在努力唤醒这个哑巴学生心中的自尊心,这属于"尊重激励法"。

我就走到他的桌边,先拍他的肩,然后指着书上一段,让他读书。他明白了,开始读,开始读得很慢,有点结结巴巴,再后来就读顺了,再后来我想不到,他越读越快,都没有句读了,像是在唱诗,学生们居然没有笑——我也没有,因为这个学生声音洪亮,读得很投入,我都看到他的扁鼻子上的汗珠了。

小先生的作文课

那个耳朵被父亲打聋的孩子,为了希望他能够走出自卑的泥沼,我用的是激励教育法中的"赞赏激励法",这是没有笑声也没有掌声的"赞赏激励法"。

后来在下午的活动课上,我和我们班的学生就用一根扁担横绑在车后架上,帮他学骑车。他学得很勤奋,涨红着脸,努力降伏总是左右摇摆的自行车。

终于他学会了骑车,我看过他骑车的样子,他骄傲地抬着头,目视前方,像那只冲出教室的麻雀,不,他更像一只怒飞的雄鹰!

一个拐腿的孩子渴望骑自行车,同学们帮助他学会了骑自行车,这也是"激励教育法",是有明确目标的"目标激励法"。

从小学到初中,我的作文一直处于二类作文和三类作文之间,是缺乏阅读和自我训练的结果。直到上

第四阶

了高中,我那写母亲筛米的作文《铭记》被语文老师画了好多红色的波浪线,还在课堂上朗读这篇作文。

这样的激励给了我写作文的勇气。语文老师给我的"激励"叫作"赞赏激励法"。过了不久,我们班有同学拾金不昧,他拾到了别人丢失的三十斤饭票,然后归还了丢饭票的同学。三十斤饭票,对于农村学生就是三十天的伙食。

我悄悄写了篇有关这位同学拾金不昧的稿件,是用作文纸写的,勇敢地投到了当时的兴化人民广播站的木制信箱里。当时的广播站,为了鼓励大家写新闻,在路口设有特别的木制信箱。

谁能想得到呢?第三天晚上,同学们正准备吃晚饭,学校喇叭里传出了播音员的声音,播放的就是我写的新闻稿。接着,我收到了第一笔稿费单,是装在信封里的六毛钱稿费领取单。这是我的第一笔稿费。

后来,我和同学一起去三里外的兴化广播站取了这笔稿费,我到商店里把这六毛钱换了六十颗糖,分给了同学。这六十颗用第一笔稿费换成的糖,一直甜到现在,每当我写作有所松懈的时候,我就会想起14岁那年的六十颗糖。

——这就是"自我激励法"。

"自我激励法"是所有激励法中最有效用的。因为自我激励,我们会拥有作文自尊,有了作文自尊这棵小树,很多作文的可能就会兑现。

下面,是通向新疆游的三种"自我激励法",我们试试看。

第一,家庭作文比赛激励法。

举行一次家庭作文比赛。

奶奶用烤羊肉串来激励你,那就请奶奶准备烤羊肉串的材料,然后在家里制作一次烤羊肉串,这是新疆之行的预习。当然,吃是次要的,重要的是吃羊肉串的人都要围绕家庭烤羊肉串之事写作文。全家人都要写作文,爸爸一篇,妈妈一篇,还有你的一篇。然后交给如来佛奶奶做裁判。谁会是第一名呢?当然就是一直处于作文训练的你,也是最渴望羊肉串的你,全家第一名的激励,会成为我们写出好作文的出发点。

第四阶

第二,投稿发表激励法。

我们写出了好作文,还要学会主动投稿。我们的校刊有作文专辑,我们的市报有作文版面,我们的晚报也有作文版面,还有更多的语文报刊,学生作文刊物,少年儿童文学刊物,都是相当不错的竞技场。我们应该主动去图书馆,去网站,去微信公众号,好好查阅他们的投稿信箱,然后把自己的作文投递过去。等待稿件消息的过程,也是不断反省的过程,更是自我提升的过程。如果失败了,继续投稿。这是积累经验。失败了,就勇敢查找失败的原因,再次改正。回想起来,我的投稿史可以画出一个上升曲线,第一年,投出去的稿件泥牛入海。第二年,有部分稿件被采用。到了第三年,采用率就上升到了40%。在奋斗的征程上,屡战屡败从来不可怕,屡败屡战才是成功的最佳法宝。

第三,自我发表激励法。

我们每天功课都很忙,但无论多忙,只要目标坚定,时间是可以挤出来的。我们可以把每天最希望写下来又觉得没有时间写的,录音,同步转成文字,一定要转变成文字。可以一段一段录音转文字，做一些小的修改，然后"发表"在自己的空间。每天日记"短平快"，文字"可视"即刻"发表"。如果条件具备，"自我发表"就可以"升级换代"了，我们自己做一张小报，自己做主编。我们的小报可以设置固定栏目五个。三个小栏目：《奶奶的点穴手》《妈妈的冷笑话》《爸爸吹过的牛》。两个大栏目：《别人的好作文》《我的好作文》。"出版周期"为一周一期。

我查看了这个新学期的校历，本学期一共十九周。这样我们可以计划"出版"十九期，可以发表十九篇别人的好作文，十九篇自己的好作文。这两份作文，就像是一对暗暗较劲的队友。开始的时候，相比别人的优秀作文，我们可能不敢跑，不会跑，跑不快。到了后来，我们就会发现，会奔跑了，敢奔跑了，而且在通向好作文的路上越来越快，步步生风步步高。

到了本学期结束，我们再来翻阅"出版"了十九期的报纸，那多像十九级台阶。攀登完这十九级台阶，我们会发现，每个台阶都有攀登和超越自己的激励，

第四阶

都有精神海拔越来越高的激励,那样的自我激励,将使我们实现作文的真正破茧。

自小刺头深草里,
而今渐觉出蓬蒿。

这是唐代诗人杜荀鹤《小松》里的诗句。是的,即使是不起眼的小松树,也有成长和崛起的一天。别人的鼓励和表扬,是需要机缘和条件的,而自我鼓励随心可得,给小松树一阵自我激励的春风,小松树肯定会成为高大的松树。属于我们的自我激励就像疏通被山石堵住的溪水,只要用力搬开那些山石,被堵塞的溪水就会化为作文自信的瀑布,成为那个用努力换来暑假新疆游的作文高手。

祝你梦想成真!

小先生的
作文课

Writing Lessons of the Little Teacher